얼굴이 바뀌면
좋은 운이 온다

부와 성공을 부르는
얼굴의 비밀

얼굴이 바뀌면

좋은 운이 온다

초운 김승호 지음

쌤앤파커스

CONTENTS

Part 4.——— 운명은 바람처럼 오고 전기처럼 통한다

Part 5.——— 작은 습관으로 운의 영토를 넓히는 법

불안과 무기력을 돌파하는
새로운 인생 사용설명서

사람의 얼굴을 관찰하고 마음을 살피면 그 안에 깃들어 있는 운명을 알 수 있을까? 소위 '관상'은 어디까지 믿을 수 있을까? 그런데 그보다 먼저 궁금한 것이 있다. 과연 운명이 있는가? 어쩌면 이 것은 동서고금을 막론하고 태초부터 인류가 품어온 질문일 것이다. 어떤 사람은 아예 운명이 없다고 생각하고, 또 어떤 사람은 반드시 있다고 믿는다. 그러나 답은 간단하다. 우리가 존재하는 것 그 자체가 운명이다. 물론 내가 나로서 존재하게 된 것은 특별한 이유가 없고 그저 우연일 뿐이다. 하지만 하필이면 왜 이런 우연이 생겨났을까?

운명이란 특별한 것이 아니다. 결과적으로 존재하는 모든 것이 운명이다. '운명'은 '존재한다'의 동의어로, 문제는 '미래에 어떤 사건(운명)이 존재하느냐'다. 이 문제도 실은 그리 어려운 것이 아니다. 미래란 반드시 있고 또 그것은 현재로부터 비롯되기 때문이다. 현재의 현상이나 상황은 과거의 결과인 동시에 미래의 단서다.

현재를 분석하는 방법은 아주 많다. 보통은 과학적인 방법을 주로 사용하지만 아직 과학으로 밝힐 수 없는 문제가 무수히 많다. 그래서 특별한 방법이 필요하다. 먼 옛날의 선각자들은 미래를 예견하기 위해 점을 치거나 관상을 보았다. 이러한 상황에서 마침내 '주역'이라는 학문도 출현했다.

주역은 만물의 뜻을 규명하고 미래를 계산하는 학문이다. 어떤 사람은 주역이 '신비'일 뿐이라고 말하지만, 신비라는 것 역시 마침내 규명되고 나면 과학에 편입될 뿐이다. 이 책에서 논하는 관상은 아직 과학이라고 말하지는 않지만, 실상은 이미 과학에 가깝다. 합리적 추론으로 이루어지기 때문이다. 예컨대 과거에 심리학은 과학이 아니었다. 기상을 예측하는 것도 과학의 영역이 아니었다. 하지만 이제 인간의 심리나 기후 현상은 일정한 논리에 의해 학문으로 발전했고, 과학의 한 영역으로 편입되었다. 나는 관상학도 반드시 그렇게 될 것이라고 믿는다.

중세 유럽에서는 한때 '골상학'이란 것이 유행했는데, 주로 당대 의사들이 연구하고 개발했다. 다만 골상학은 이후 인종차별 논리에 잘못 쓰였고, 독일 나치가 우생학의 근거로 삼는 바람에 사라졌다. 동양에서도 이미 오래전에 관상학의 한 부분으로 골상학이 존재했다. 물론 이 모든 것은 현재의 특성을 살펴 미래를 예측하기 위한 것이다.

이 책에서 이야기하려는 것이 바로 그것이다. 시간의 흐름에 따라 '과거는 역사'이고 '미래는 운명'이다. 이 책은 미래, 즉 운명을 밝히는 데 주안점을 둔다. 미래를 알면 우리의 삶은 더욱 안전하고 풍요로워진다.

얼굴이 변하면 반드시 운명이 변한다. 좋은 일을 앞둔 사람은 얼굴이 달라진다(어떤 사람은 너무 달라져서 오랜만에 본 지인들이 그를 못 알아보기도 한다). 모름지기 얼굴은 세월에 따라 변할 수밖에 없고 또 많이 변할수록 좋다. 운명에 활력이 있다는 뜻이기 때문이다. 얼굴이 밝아지면 낮이 되는 것이어서 좋고, 어두워지면 저녁으로 가는 것이므로 나쁘다. 얼굴이 나쁘게 변한다는 것은, 얼굴에서 좋은 기운이 사라져간다는 뜻이다.

한 사람의 인생만이 아니다. 국운이 바뀌면 국민 전체의 얼굴도 달라진다. 예를 들어 조선 시대 사람들은 표정이 초조하고 꾸며낸 듯한 얼굴이 많았지만, 현대인은 자연스럽고 자유스럽게 변하고 있다. 세상의 변화, 국운의 흐름이 반영된 결과다. 나라마다 다르겠지만, 우리나라의 경우 사람들의 혈색이 점점 좋아지고 있다.

생활습관 같은 문화적인 변화로 인해 얼굴이 바뀌기도 한다. 예를 들어 요즘 아이들은 절반 이상이 안경을 쓰는데(안경과 운에 관해서는 뒤에서 자세히 설명하겠다) 시력이 나빠졌다는 것은, 눈이 감당해야 하는 일이 너무 많아져서 생긴 사회적 피해다. 어쨌든 그런 식으로 국민의 얼굴에 국운이 반영되고, 생활의 변화가 당대 사람들의 외모에 영향을 준다.

사람의 미래가 우주의 미래이고, 사람의 뜻이 다름 아닌 우주의 뜻이다. 우리는 관상을 통해 대자연의 섭리에 한층 더 가까이 다가설 수 있다. 그리하여 마침내 삶의 목표가 대자연의 섭리 안에 존재하게 된다. 독자 여러분은 이 책의 내용을 세심히 연구함으로써 미래를 안다는 목표에 도달할 것이다. 더불어 관상을 단순히 신비 또는 취미로만 생각하지 말고 과학적인 인격 수양의 도구로 삼는다면 이 책에서 얻을 수 있는 이익 또한 더욱 증대할 것이다.

지은이 김승호

Part 1.

얼굴이라는
운명의 지도

주역에서는 우리 몸을 얼굴은 천,
몸통은 지, 팔다리는 인으로 나눈다.
얼굴이 하늘인데, 하늘은 높고 땅은 낮다.
사물의 작용은 위로 올라갈수록 자유롭고 활발하다.
반대로 아래로 내려가면 활동에 제약을 받는다.

1

운명을
미리 알 수 있을까?

운명이란 앞으로 전개될 시간의 흐름일 뿐이다. 앞으로 그렇게 흘러가 도달할 테니, 미래는 곧 운명이라고 말해도 무방하다. 미래 란, 이유가 어떻든 어차피 그렇게 나타나게 된다. 과학에서는 미래 가 불확정적이라고 말하지만(불확정성의 원리), 이는 분명히 절대적 으로 나타날 것이고, 그러니 미래는 운명이다. 반대로 과거는 이미 확정적으로 일어났던 일이다. 그래서 이것을 두고 '역사'라고 표현 한다. 간단히 말해 '미래는 운명이고 과거는 역사'다.

과거는 이미 있었던 일이기에 얘기하기가 아주 쉽다. 하지만 미 래는 있었던 일이 아니고 앞으로 일어날 예정이다. 여기서 이런 질문이 따라온다. 예정이란 무엇인가? 누가 예정해놓았는가? 그것을 누가 알 수 있나? 예정은 분명한가? 이런 문제를 확실히 해두지 않으면 운명의 개념이 불분명해진다. 간단한 예를 들어 설명해보겠다.

월드컵 결승전이 영국에서 열린다고 가정해보자. 날짜와 시간이 정해져 있고 전 세계 축구팬들이 운명의 날을 기다린다. 양 팀의 선수들 역시 긴장과 집중의 시간을 보낸다. 경기는 3일 후, 이 경기는 열릴까? 분명 열릴 것이다. 세계적인 경기는 정해진 날짜에 반드시 열린다. 한번 정해졌으므로 그대로 된다. 이것은 이미 운명이다. 축구경기 일정은 누가 정하는가? 세계축구연맹이 정한다. 이것은 취소될 수가 없다. 절대로? 물론 그렇지는 않다. 천재지변이나 전쟁, 테러 같은 큰 사건이 생기면 취소될 수도 있다. 그러나 그런 일이 흔하게 일어나지 않으므로 경기는 운명이다.

물론 세상일은 모르는 법이니 변수가 생길 여지가 있다. 단지 '가능성'이 낮을 뿐이다. 가능성! 이것은 아주 중요한 개념이다. 월드컵 결승전 날짜는 세계축구연맹이 정해서 공표한 것이므로 그대로 될 가능성이 아주 크다. 어느 나라 대통령도 이를 바꿀 수 없다. 거의 절대적이다.

'가능성이 크다', '거의 절대적이다' 같은 표현이 나왔다. 이런 것이 운명이다. '완전히, 100%, 절대'는 아니다. 미래의 일은 '절대'가 있을 수 없기 때문이다. 그렇다면 미래가 정해져 있다는 말은 무슨 뜻인가? 이는 미래의 어떤 일이 아주 높은 확률로 정해져 있다는 뜻이다.

일어날 확률이 99%인 어떤 사건이 있다고 치자. 그 사건이 일어날 것이 분명하다. 이를 두고 '절대적'이라고 말한다. '절대'가 아니고 '절대적'이다. 자연현상이 그렇다. 미래는 이럴 수도 있고 저럴 수도 있다. 이를 과학적으로 표현하면 확률이다. 인간의 지성이 부족해서 이렇게 표현하는 것이 아니라, 자연은 어느 경우라도 다른 가능성이 열려 있기 때문이다. 99%가 아니라 1% 확률의 일이 일어날 수도 있다는 뜻이다.

이렇듯 미래는 확률적으로 정해져 있을 뿐이다. 이를 두고 과학에서는 '불확정성의 원리'라고 말한다. 미래 또는 어떤 현상들은 절대적으로 정해져 있지 않다는 과학적인 개념이다. 인간이 미래를 몰라서 그렇게 말하는 것이 아니다. 불확정성의 원리는 자연의 절대적 법칙이다. 미래란 분명히 존재하지만 확률일 뿐이다(과거처럼 존재하는 것이 아니다). 확률적 존재가 과연 존재인가? 그렇다! 확률적으로 존재한다는 것은 애매모호한 것이 아니다. 미래가 그렇게 존재할 뿐이다.

이를 주역에서는 양적(陽的) 존재라고 하는데, 양이란 결코 정할 수 없는 존재다. 그래서 양은 언제나 확률적으로만 존재한다. 확률이 아무리 낮다 해도 그 사건은 일어날 수 있다. 이것은 양의 본성 때문이다. 양은 자유롭다. 그리고 창조적이고 새롭다. 그리고 양은 아무 이유 없이도 사건을 일으킨다.

그래서 양은 과학적 연구내상이 아니다. 과학이란 것은 음(陰)의 세계, 즉 물질세계를 다루는 학문이다. 그러나 미래는 물질의 법칙에 의해 필연적으로 나타나는 현상이 아니다. 그야말로 미래는 확률적이고 양적이다. 정리하자면 미래, 즉 운명이란 정해져 있으나 확률적이다.

예를 들어보자. A와 B가 다음 날 만나자고 약속을 했다. 두 사람 모두 약속을 절대적으로 잘 지키는 사람들이다. 그렇다면 이때 미래는 신이 정한 것처럼 절대적으로 정해져 있는가? 그렇지는 않다. 다른 변수가 얼마든지 있겠지만, A와 B가 약속을 잘 지킨다는 것을 전제로 미래를 얘기한 것뿐이다. 한 사람이 갑자기 몸이 아프거나, 오는 길에 사고를 당하거나, 마음이 변하거나, 배우자가 못 나가게 하거나 등 약속이 틀어질 가능성은 늘 있는 법이다. 내일이 올 때까지 양쪽 모두 가능성이 열려 있다. 대개는 확률이 높은 쪽으로 전개되지만 이는 개연성이 그렇다는 것뿐이다.

　미래란 확률적으로 정해진 것이니, 머릿속에서 '절대'라는 개념은 일단 배제하자. 운명은 그런 일이 일어날 가능성이 높다는 뜻이다. 운명이 어느 정도로 실현되느냐에 대해서는 뒤에서 좀 더 자세히 얘기하겠다. 지금은 운명이란 단어의 개념을 이해해두자. 운명은 신의 명령처럼 절대적인 것이 아니므로 얼마든지 변할 수 있다.

▬ 일기예보나 기대여명처럼
##　　짐작할 수 있는 것

　운명을 미리 알고 싶은가? 먼저 이것을 너무 '신비'하게 생각할 필요는 없다. 점쟁이나 무당, 도사만 알 수 있는 것도 아니다. 과학자들도 얼마든지 운명을 알아낸다. 과학자들은 "이럴 때 어떤 현상이 일어날 것인가?" 하는 질문으로 모든 분야에서 예측하고 예견하는 일을 해왔다. 일기예보처럼 자연현상의 운명을 알아내는 것역시 과학의 한 분야다.

　일기예보는 과학적으로 미래의 기후를 알아내는 것으로 요즘은 적중률이 아주 높다. 방대한 데이터를 모으고 분석하는 기술이 발전한 덕분에 날씨는 거의 일상적으로 예측된다(적중률도 높다). 옛날에는 특별한 노인들이나 도사들이 기상예보를 했고, 사람들은 그들을 아주 신통하게 여겼다. 아메리카의 인디언들도 미래의 기후를 기상청 수준으로 맞혔다고 한다. 물론 그들은 경험적으로 살필 것을 살펴서 미래의 가능성을 예측했을 뿐이다.

의사들은 위중한 환자를 보면 그의 기대여명이 몇 개월 정도인지를 거의 정확히 안다. 이것 역시 그 환자의 운명을 예측하는 것과 같다. 이처럼 여러 분야에서 전문가들은 이미 미래를 잘 예측한다. 이것은 곧 운명을 아는 것과 같다.

'운명예견'은 막연한 것도 아니고 신비한 것도 아니다. 인간은 어느 정도 미래를 예견하고 살아간다. 가령 부모는 자녀를 왜 교육하는가? 어린 시절에 공부하지 않으면 미래가 나빠지기 때문에 사전에 방지하기 위함이다. 이 정도는 예견이 아니라 상식이라 생각하겠지만, 이것 역시 넓은 개념에서 보면 운명을 미리 아는 것이고 미래를 예측하는 것이다.

나는 나의 운명에 대해 종종 생각해보곤 했는데 적중하는 경우가 아주 많았다. 현재를 잘 살피면 누구나 미래를 어느 정도는 알 수 있다는 말이다. 다만 정밀하고 단정적인 미래가 아니라, 확률적으로 개연성이 큰 미래를 알 수 있다. 일기예보나 중환자의 기대여명처럼 데이터가 많을수록 정확도가 올라간다. 현재의 상태를 잘 관찰하고 분석하고 종합해보면 미래도 판단할 수 있다.

어떤 부모는 어린 자녀의 미래를 어느 정도 짐작한다. 아이의 기질, 행동, 습관 등을 보고 직감으로 아는 것이다. 그래서 기뻐하기도 하고 슬퍼하기도 한다. 사물과 현상의 현재를 보고 미래를 아는 것은 공부나 수행을 통해 점점 더 정교해질 수 있다. 하지만 '무엇을 보고 운명을 아는가?'라는 문제는 한마디로 단순하게 말할 수 없다. 매우 다양한 방법이 있기 때문이다. 그중 한 가지가 사물의 형상이나 형태를 보고 미래를 예견하는 방법인데, 이 책의 주요한 내용이 바로 그것이다.

2

겉모습에는 뜻이 있고
운의 방향이 있다

여기 돌덩이가 하나 있다. 돌덩이에도 운명이 있을까? 모든 사물은 미래가 있으므로 이 돌덩이도 당연히 운명이 있다. 볼품없는 돌덩이라면 딱히 용도를 찾지 못해 분해될 것이다. 부서진 돌은 어딘가로 이동해 건축 자재로 사용될 가능성이 있다. 그것이 이 돌덩이의 운명이다. 만약 이 돌덩이가 아름다운 형상을 하고 있으면 어떨까? 부잣집 정원에 곱게 모셔져 오랜 세월 사랑받고 편하게 지낼 것이다. 돌덩이에게는 좋은 운명인 셈이다.

《장자》에 이런 얘기가 나온다. 목수가 산에서 나무를 하나 발견했다. 못생기기 그지없는 나무였다. 비틀어지고 가늘어서 목재로 쓸 수도 없었고 땔감으로 쓰기에도 적당치 않았다. 목수는 속으로 생각했다. '이 나무는 어디에도 쓸모가 없군! 참으로 못난 놈이야.' 목수가 잠시 쉬고 있었는데 갑자기 산신령이 나타났다. 산신령이 말한다. "이 나무가 오랫동안 살아남게 된 것은 오로지 그 형상 때문이다. 만약 굵고 반듯하다면 벌써 베어져 목재로 쓰이지 않았겠느냐?" 목수는 큰 깨달음을 얻었다. 나무도 생긴 모양에 따라 운명이 정해지는 것처럼 사물은 형상에 따라 미래가 달라진다.

어려운 내용이 아니다. 강가에 널린 돌덩이도 모양이 그럴듯하면 수집가에게 발견되어 관상용으로 귀한 대접을 받는다. 사람도 외모가 잘생기고 훌륭하면(비록 마음씨가 곱지 않아도) 크게 대우받는 경우가 있다. 단지 생긴 것만 고울 뿐인데도 말이다. 세상의 이치가 그렇다. 똑같은 탄소로 이루어져도 흑연과 다이아몬드는 전혀 다르게 취급된다. 투명하고 아름답고 단단한 다이아몬드는 황금보다 비싸다. 고귀한 대접을 받으며 부귀영화를 누리는 것이 다이아몬드의 운명이다. 금강산도 그 형상 때문에 많은 사람이 찾아오고 그 덕분에 평생 외롭지 않게 지낸다. 만약 아름다운 형상이 아니라면 산도 사람이 찾아오지 않아 고독할 수밖에 없다. 어쩌면 귀신이 찾아와 음산한 곳으로 변할 수도 있다.

이처럼 형상은 단순한 껍데기가 아니다. 운명을 유도하는 무한대의 효용이 있다. 사물은 기능도 중요하지만 형상도 못지않게 중요하다. 가령 아무리 성능이 뛰어난 자동차라도 외형이 기괴하거나 괴상하면 타고 싶지 않을 것이다. 오늘날 우리가 소비하는 상품역시 겉모습이 아주 중요하다(내용물은 싸구려인데 포장이 그럴듯해서 잘 팔리는 상품도 있지 않은가). 게다가 누군가에게 고마운 마음을 담아 선물을 보낼 때는 정성스러운 포장이 필수다.

형상은 어떻게 미래를 보여주는가?

형상에는 뜻이 있다. 그래서 그 뜻을 잘 연구하면 미래를 알 수 있다. 특히 사람의 얼굴은 그 모양에 따라 거대한 운명의 변화를 일으키거나 특정한 미래로 향하게 만들기도 한다. 그래서 동양에서는 일찍이 사람의 얼굴을 보고 운명을 예측하는 방법이 발달했다. 거기에 주역의 형상논리를 가미한 것이 바로 '관상'이다. 형상논리는 한마디로 '형상이 운명을 유도하고 현재에 미래가 숨겨져 있다'는 것이다. 그리고 형상논리는 경험을 통해 점점 발전할 수 있다.

옛사람들은 먼저 사람을 보고 공통성과 차이점을 비교해보는 것으로 시작했다. 저 사람은 권력자인데 또 다른 권력자와 공통점은 무엇일까? 저 사람은 부자인데 다른 부자는 이 사람과 공통점이 무엇인가? 부자와 가난한 사람을 비교하면 어떤 차이를 알 수 있는가? 관상 이론도 중요하지만 많은 사람을 접하고 관찰하며 비교해보면 얻어지는 지혜가 있다. 나 역시 그렇게 공부해왔다.

관상은 주로 인간의 얼굴을 관찰하고 판단하지만, 단순히 잘생겼나 못생겼나를 보는 것이 아니다. 잘생겨도 운명이 나쁜 사람은 얼마든지 있다. 반면 척 봐도 상당히 못생겼는데 운명이 좋은 경우도 많다. 그 이유를 밝히는 것이 관상법의 핵심이다. 아름다움이나 권위, 친근함 같은 1차원적인 느낌이 아닌 관상법만의 독특한 판단 영역이 있다.

사물의 용도는 재료 자체보다 외형에 의해 용도가 정해지는 경우가 더 많다. 날카로운 모양의 창은 재료가 대나무든, 쇳덩이든 찌르고 꽂는 기능을 갖는다. 그리고 기능이란 바로 미래를 유도하는 원인자 노릇을 한다. 인체도 관이나 자루 등으로 이루어져 있고 그것이 생리적 기능을 발휘한다. 관이나 자루의 모양이 결국 인체의 운명을 좌우하는 것이다. **형상은 사물의 결론이다. 그리고 형상은 내면의 기능을 강화한다. 내면의 기능과 외부의 형상은 사실 상보적인 관계다. 우주는 내부와 외부가 상호작용하면서 끊임없이 진화해나가는 존재이기 때문이다.**

3

얼굴은 시시각각 변하는
운명 기상도

사람의 얼굴은 아주 특별하다. 우선 동물 중에 얼굴이 있는 존재는 오직 사람뿐이다. 여기서 얼굴이라는 것은 단순히 두상의 앞쪽을 말하는 것이 아니다. 동물과 사람의 얼굴을 비교해보자. 동물의 얼굴은 사람과 달리 평평하지 않고 앞으로 돌출한 경우가 많다. 게다가 털로 덮여 있어서 일반인은 동물의 감정변화를 알기 어렵다. 반면 사람의 얼굴은 감정변화가 분명하게 드러난다. 사람의 얼굴은 동물에 비해 넓적하고 맑고 깨끗하기 때문에 정신과 내면의 작용이 얼굴에 잘 나타난다.

과학자들이 밝힌 바에 의하면 인간의 표정은 1만 가지 이상이라고 한다. 42개의 얼굴 근육이 이러한 현상을 일으킨다. 사람의 얼굴은 아주 섬세한 반면 동물은 그렇지 않다. 동물의 얼굴은 그저 몸의 일부일 뿐이다. 물론 동물도 표정이 있으나 가짓수가 별로 많지 않고 그나마 털에 가려져 잘 보이지 않는다. 게다가 동물은 정신이나 감정 자체가 인간처럼 고도로 발달하지 않아 얼굴에 나타낼 내용 자체가 적다. 사람의 얼굴은 호수처럼 맑고 내면에서 발출하는 온갖 현상들이 그려진다.

표정을 관찰해 마음을 읽을 수 있을까? 과학자들은 사람의 얼굴을 실시간으로 촬영해 마음 상태를 읽는 실험을 해왔는데 상당히 진척되었다고 한다. 이런 노력이 아니더라도 얼굴을 보고 마음 상태를 읽어내는 사람들은 이미 존재했다. 프로파일러나 베테랑 형사들은 얼굴을 보고 범인인지 아닌지를 감지해낸다. 엄마들은 아이의 표정을 보고 거짓말인지 알아내고, 포커의 명인들은 상대방의 얼굴을 슬쩍 보기만 해도 그가 가진 카드를 짐작할 수 있다.

사람은 얼굴에 표정을 지어 상대방에게 마음을 전달한다. 그래서 얼굴에 나타나는 이 표정들은 오랜 세월 동안 진화해온 결과다. 표정은 자동적이고 습관적이며 본능적인 것이고, 우리는 적당한 표정을 지어 보임으로써 삶에 유리한 결과를 유도한다. 예를 들어 가까이 가고 싶은 사람에게는 미소를 지어 경계심을 낮추고, 적에게는 험한 표정을 지어 물러나도록 한다. 표정으로 마음을 전달하다 보면 감정의 교감이 이루어지고 메시지를 전달할 수도 있다. 이런 교감은 사람 간의 연대를 강화한다. 얼굴의 표정이 일종의 언어인 것이다.

우리가 표정을 지으면 한순간에 곧바로 사라진다. 하지만 오랜 세월 동안 지내다 보면 그가 자주 지어 보였던 표정이 어느덧 얼굴에 고착된다. 이로써 그 사람의 과거도 읽을 수 있다. 미국의 링컨 대통령은 이렇게 말했다. "사람이 마흔을 넘으면 자신의 얼굴에 책임을 져야 한다." 타고난 단점도 의지와 노력으로 바꿀 수 있고, 그 노력의 결과가 자연스럽게 얼굴에 나타난다는 뜻이다. '독심술'은 얼굴을 보고 상대방의 마음을 실시간으로 알아내는 기술인데, 요즘은 컴퓨터를 통해 실현되고 있다.

사람은 일부러 표정을 꾸며낼 수도 있다. 목적에 따라 얼굴의 표정을 능동적으로 바꿀 수 있다는 뜻이다. 이래서 인간의 얼굴이 아주 특별하다는 것이다. 얼굴에는 그 사람의 마음이 머문다. 그래서 나는 사람과 잠시 마주 앉아 있으면 그의 지성이나 의식 수준을 쉽게 파악한다. 얼굴에 그 정보가 다 드러나 있기 때문에 가능하다. 얼굴의 뜻은 실로 무궁무진하다.

머나먼 옛날 우리 조상들은 이미 이 사실을 알고 있었고, 이를 바탕으로 태동한 것이 관상학이다. 많은 선각자의 연구에 힘입어 관상법은 차츰 틀을 갖췄다. 거기에 주역의 원리가 적용됨으로써 관상법은 더욱 심오한 학문으로 자리매김했다. 오늘날에는 과학자들도 뛰어들어 얼굴 이론이 점차 본궤도에 오르기 시작했다. 그러나 아직 할 일이 많다. 앞으로 인류는 옛 선인들의 연구와 주역의 원리, 과학적 실증, 임상 등을 결합해 학문적 완성을 이루어야 할 것이다. 인간의 마음을 알아내고 미래를 예측한다는 것이 쉽지는 않겠지만, 인류의 안전과 복지에 크게 기여할 수 있으므로 연구할 가치가 충분하다.

━ 얼굴을 보면 운명이 보인다

인간의 삶에 얼굴은 어떠한 역할을 하는가? 어쩌면 이것이 관상법의 기본이다. 얼굴의 역할은 지극히 상식적인 내용으로 누구나 다 안다. 쉽게 말해 잘생겼나, 못생겼나, 예쁜가, 안 예쁜가 등인데 이 문제는 사람에게 실로 중요한 문제다. 그러나 이것을 깊게 파고들 필요는 없다. 여기서는 얼굴이 갖는 운명적 요소만 다루고 그 외의 문제는 논외로 하겠다.

얼굴은 무엇으로 구성되는가? 일단 눈·코·입·귀 등 4가지 요소가 중심이다. 이 4가지가 얼굴의 지도를 만든다. 여기서는 이 요소들을 종합적으로 또는 분석적으로 다루며 관상이론에 접근하고자 한다. 먼저 상식적인 것부터 시작하자. 얼굴에는 다양한 근육이 있는데 이것을 밀고 당기면서 표정을 만든다. 물론 얼굴의 근육은 생리적으로 외부상황에 적절히 대응하고, 어떤 순간에는 마음이 반영된다.

표정은 저절로 지어지기도 하지만 일부러 의도해서 지을 수도 있다. 어쨌건 이 모든 현상은 얼굴의 역사를 만들고, 얼굴에 흔적을 남긴다. 예를 들어 평생 많이 웃고 살아온 사람은 얼굴에 웃음의 기운이 서려 있다. 반면 고생을 많이 하며 살아온 사람은 얼굴에 팍팍함과 피곤함, 곤궁함이 역력하다. 어디가 어떻다고 딱 꼬집어 표현하지 못해도, 단박에 느껴지는 인상이 있다. 표정에 따라 얼굴은 변화하고 실시간으로 살아온 역사가 기록된다. 이것을 살핌으로써 미래의 특성, 즉 운명을 예측할 수 있다.

얼굴은 어떻게 작용하고 어떻게 존재하는가? 우선 생각해볼 것은 얼굴의 공통원리다. 얼굴을 이루는 각각의 요소들은 그 모양에 따라 일정한 작용이 있다. 예를 들어 귀가 앞을 향해 열려 있으면 아무래도 전면에서 다가오는 소리를 더 잘 들을 것이다. 물론 그 차이는 아주 미세하겠지만 그로 인해 그 사람의 주의력도 달라질 수 있다. 레이더의 접시가 앞으로 열려 있으면 뒤쪽에서 오는 파장은 아예 잡아내지 못한다. 그리고 접시의 크기가 크면 클수록 파장을 잘 잡아낼 것이다. 귀도 마찬가지다. 물리적 형상은 생리 현상의 차이를 유발한다. 그 차이가 아무리 미미하다 해도 미세영역의 수준에서 보면 기능의 차이가 분명 존재한다.

가령 턱이 작은 사람은 큰 사람에 비해 움직임이 빠를 수 있다. 무거운 턱을 움직일 때보다는 물리적으로 힘이 덜 들기 때문이다. 같은 힘을 주었을 때 무거운 물건과 가벼운 물건 중 어느 것이 쉽게 움직이겠는가. 만물은 모양에 따라 기능의 차이를 보인다. 비행기의 경우 모양이 조금만 달라도 속도에 큰 영향을 미친다. 이른바 유선형이 속도를 높이는 데 유리하다는 뜻이다.

얼굴의 모양은 일단 물리적 특성을 일으키는데, 모양이 같으면 작용도 비슷할 수밖에 없다. 이렇듯 모양이 같으면 그것이 얼굴이든 물건이든 그에 따른 일정한 작용이 있다. 얼굴의 경우 이것은 생리적 틀을 형성한다. 관상은 이런 것까지 고려한다.

그리고 얼굴의 두 번째 작용은 내면이 얼굴 근육에 반영된다는 것이다. 관상은 이를 관찰하는 것이다. 마지막으로 세 번째 작용은 형상이 갖는 주역의 섭리이다. 이것은 과학을 넘어서는 영역에 속한다. 과학자들은 아직 만물의 모양이 운명을 유도한다는 것을 잘 이해하지 못하는 듯하다. 그러나 언젠가는 이 또한 과학의 영역에 포함될 것이라고 생각한다.

4

눈은 정신,
입은 물질을 주관한다

세상 만물은 계층적으로 존재한다. 건물을 보면 위아래가 정해져 있다. 이것이 계층이다. 사람도 마찬가지다. 위에 머리가 있고 아래에 다리가 있다. 계층이라는 것은 만물의 특징인데 주역에서는 이를 심오하게 다루고 있다.

사람의 몸은 3개의 계층으로 분류할 수 있다. 우선 몸체가 있고 그 위에 얼굴이 있으며, 몸체에 팔다리가 있다. 주역에서는 얼굴을 천(天), 몸체를 지(地), 팔다리를 인(人)이라고 말한다. 만물은 이처럼 대개 3가지 계층으로 이루어져 있다. 이를 천지인 삼재(三才)라고 부른다. 관상은 몸의 삼재 중에 얼굴에 집중한다. 얼굴은 우리

몸에서 천을 대표하기 때문이다. 운명은 몸체나 팔다리 등과도 연관되지만, 가장 중요한 부분이 얼굴이므로 우선 택하는 것이다.

　얼굴이 왜 하늘인지는 주역을 모르는 사람도 어느 정도 이해할 만하다. 하늘은 높고 땅은 낮다. 사물의 작용은 위로 올라갈수록 자유롭고 활발하다. 반대로 아래로 내려가면 활동에 제약을 받는다. 하늘의 비행기와 땅의 자동차를 비교해보면 쉽게 알 수 있다.

　이런 섭리를 바탕으로 음양 혹은 하늘과 땅을 나눈다. 예를 들어 주역에서 여성은 음 혹은 지로 분류한다. 과거에는 여성이 남성에 비해 상대적으로 행동이 제한되어 있었기 때문이다. 하지만 이것이 도서관에서 십진분류법에 따라 책을 정리하는 것처럼 깔끔하게 혹은 편리하게 나누어지지는 않는다. 대체로 여성과 남성의 성품이 다르기에 음과 양으로, 지와 천으로 분류한 것이다. 뜻에 따라 분류했다는 말이다.

　얼굴은 우리 몸에서 가장 위에 있고, 그만큼 확장성이 크다(멀리서 제일 먼저 보이는 게 얼굴이다). 그리고 발에 비해 깨끗하고 표정 변화가 다양하기에 역동적이다. 그런 이유로 얼굴을 하늘로 분류했고, 관상은 인간의 몸 중 하늘에 해당하는 얼굴에서 일어나는 현상을 다룬다.

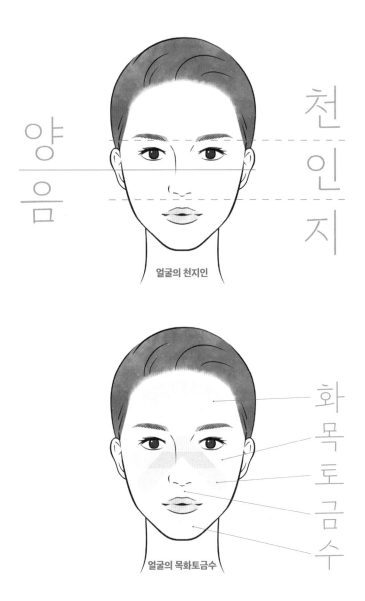

양

음

천

인

지

얼굴의 천지인

화

목

토

금

수

얼굴의 목화토금수

삼재와 오행으로 이루어진
얼굴의 체계

이제 얼굴의 체계를 보자. 당연히 3개의 층으로 분류할 수 있을 것이다. 위에서부터 눈 근처는 천이고, 코 근처는 인, 입 근처는 지다. 이로써 작용은 시작된다. 눈 근처는 천의 특성이 있다. 천은 양의 속성이다. 그래서 눈 근처는 마음을 가장 잘 반영한다. 마음은 양이어서 얼굴 중에서도 양의 영역에서 잘 나타난다.

입은 지에 해당하는 것으로 여기는 음의 영역이다. 그리고 코와 귀는 상하의 중심으로 인에 해당하는데 이곳은 음양의 균형을 잡는 지점이다. 천지인 삼재는 그 명칭대로 작용을 나타낸다. 천은 주로 정신의 운명을 유도하고, 지는 물질의 운명을 유도한다. 그리고 코와 귀는 상하를 두루 조화시킨다. 관상은 얼굴을 천지인 삼재로 나누는 데서 시작한다. 이외에 얼굴의 지형을 더욱 세분할 수도 있는데 이 또한 관상의 기본이 된다.

입은 얼굴 중에서도 가장 아래에 있다. 음이 강한 곳이어서 지로 분류된다. 턱 아래 역시 음이 강한데, 오행으로는 수(水)라고 부른다. 입 위쪽은 금(金)의 영역이다. 보통 인중(人中)이라고 부르는 곳, 즉 윗입술과 코 사이로 금은 음이고 무거운 성질이 있다.

코는 토(土)에 해당하고 상하로 나뉘는데, 앞서 설명한 것처럼 코의 아래쪽은 금과 수이고, 위쪽은 양기가 발생하는 목이다. 이곳은 눈의 아래쪽이기도 해서 생기가 넘친다. 계절로는 봄이고 인생의 시기로는 청년기다. 목은 학식, 명예, 결혼 등을 주관한다. 턱의 아래쪽은 노년기의 운명을 주도한다. 그리고 이곳은 수의 영역이라서 물질과 관련된 운명이 잠재되어 있다.

눈은 천의 중심이다. 눈 위쪽인 이마는 화에 해당한다. 이곳은 얼굴 전체에서 양이 가장 강하다. 그래서 이마는 권력이나 성취, 장년기, 정신세계 등 주로 비물질적 운명을 관장한다. 그 외에 양쪽 뺨은 토의 영역으로 위로는 이마에 이르고 아래로는 턱(입의 아래)까지 이어진다. 얼굴 중에서 면적이 가장 넓은 이곳에서 목화토금수의 섭리가 모두 어우러진다.

사람의 얼굴에는 정신과 감정, 건강 상태는 물론이고 과거의 흔적까지 담겨 있다. 그리고 그러한 요소들은 미래의 방향을 결정하는 잠재력이 되기도 한다.

5

모양과 뜻이 일치할 때
이목구비는 제 역할을 한다

먼저 얼굴 전체의 크기와 모양을 살펴보자. 어떤 사람의 얼굴이 상당히 작다고 가정해보자. 여기서 '작다'는 표현은, 보통 사람보다 현저히 작아서 첫눈에도 그러한 특징이 눈에 띄게 도드라진다는 뜻이다. 얼굴이 조금 작다고 해서 유난스럽게 '작은 얼굴'이라고 판단할 필요는 없다. 대체로 여성은 남성에 비해 얼굴이 작은 편이고, 작은 얼굴은 소극적인 태도를 반영하기도 한다. 이것은 그 사람만의 특징이 아니고, 비교적 여성의 얼굴이 작다는 의미다. 현대에는 작은 얼굴이 미인의 기준이기도 하니 나쁠 것이 없다.

그런데 지나치게 작으면 나쁘다고 봐야 한다. 하늘이 좁다는 뜻이기 때문이다. 하늘이 좁으면 덜 자유롭고 운명도 활동의 범위가 축소된다. 이렇게 되면 인생에서 성취가 작을 수밖에 없지 않겠는가. 주역의 표현으로는 하늘이 하늘답지 않게 편협해 그 사람의 생각이나 활동이 제한될 수 있다는 뜻이다. 얼굴이 너무 작으면 당연히 나쁘다. 고독해지고, 명성도 적어지고, 재산이나 권력도 약해지는 등 인생이 평탄하지 않다. 물론 얼굴이 아주 작은 경우를 얘기하는 것이다. 조금 작은 경우가 아니다. 관상에서는 무엇이든 한 가지 특징이 지나치게 두드러지면 좋을 수가 없다. 예를 들어 요즘 많은 사람이 양악수술 등으로 턱을 지나치게 뾰족하게(V라인으로) 만드는데, 이것은 양의 기운이 지나치게 많아지는 점을 유의해야 한다.

반대로 얼굴이 지나치게 커도 문제다. 이런 사람은 실속이 없고 낭비가 심하며 요점을 찾지 못해 흉하다. 미관상으로도 좋다고 볼 수 없다. 그래서 얼굴을 작게 만드는 성형수술도 하는 것이 아닌가. 참고로 성형 등을 통해 얼굴을 작게 만든다면 이것은 운명에 효과가 있을까? 있다. 원래 얼굴이 적당한 크기였든, 인위적으로 그렇게 만들었든 결과는 마찬가지다. 운명은 형상의 결과를 가지고 판단하기 때문이다.

━ 작은 얼굴은
하늘이 좁다는 뜻_____

　얼굴의 모양을 다시 살펴보자. 이번에는 크기가 아니라 얼굴형을 보자. 얼굴이 좌우로 긴 얼굴형이 있다. 달걀을 뉘어놓은 모습이라고 생각하면 쉽다. 이런 얼굴형은 매우 흉하다. 얼굴은 양인데 옆으로 길게 누운 것은 음의 모습이다. 따라서 양이 힘을 발휘하지 못한다. 창조적이지 못하고 능동적이지 못하다. 무슨 일을 할 때 적중하지 못한다는 뜻이다. 성취가 적고 남에게 존경받지 못하며 이성 관계도 나빠진다. 높은 직위에 오르지 못하고 사업은 출발부터 잘 풀리지 않을 것이다.

　양은 양처럼 생겨야 그 기능을 발휘할 수 있다. 양이란 수직으로 뻗어야 한다. 그래야 힘을 제대로 발휘한다. 이른바 계란형 얼굴이다. 상하도 약간 길어야 좋다. 물론 얼굴이 상하로 너무 길면 이는 양이 지나친 것이기 때문에 언젠가는 반드시 부러지게 된다. 이런 사람은 성격이 너무 급하고 독단적이어서 늘 앞서 나가려다 보니 남들에게 미움받는다. 이런 사람의 운명이 어찌 순탄하겠는가? 제법 힘이 있어 보이지만 무슨 일이든 도중에 파탄이 날 것이다.

　양이란 음이 있어야 결과를 맺는 법인데 얼굴이 상하로 너무 길어 양이 넘치면 이는 음의 결핍을 초래한다. 인생에 있어 여러 가지

일을 벌이기만 하는 것이 능사는 아니다. 하나라도 이루어야 결실을 얻을 수 있다. 양이 넘쳐 일을 벌이기만 하면 결국 가진 것을 다 탕진하고 나쁜 운명에 빠질 것이다.

얼굴 모양이 위로 올라갈수록 넓어져서 V자 형태가 되면 이는 풍천소축(風天小畜)이라는 괘상이 되어 인생이 날이 갈수록 힘이 약해진다. 있는 재산도 탕진하고 남에게 크게 사기를 당하거나 업적이 망가진다. 얼굴 모양이 위쪽이 너무 좁아서 A자 모양이라면 이는 주역의 괘상으로 택천쾌(澤天夬)가 되는데 갑자기 파괴되고 적이 많아진다는 뜻이다. 이런 사람은 단명하거나 사고를 당하기 쉽다. 특히 높은 자리에 있던 사람은 돌연 추락하고 오갈 데가 없어진다. 이런 운명일 때는 욕심을 자제하고 남에게 인심을 베풀며 살아야 한다.

한편 얼굴의 좌우 모양이 현저히 다르다면 이는 천지부(天地否)의 형상이다. 매우 불길하다. 사람과 화합하지 못하고 부부 사이도 나빠지며, 사업할 때 자본이 융통되지 않거나 매사에 계획성이 없어 망하기 일쑤다. 이런 사람은 겸손한 태도로 다른 사람의 조언을 받아들이고 허망한 꿈을 버려야 한다. 그러면 복잡하게 꼬인 운명이 풀려나갈 것이다.

6

얼굴의 나쁜 변화를
주의하라

이번에는 얼굴 피부를 살펴보자. 얼굴의 표면은 검거나 탁해서는 안 된다. 안색이 하늘처럼 맑아야 한다. 얼굴은 하얀 느낌을 주는 것이 좋다. 그래야 깨끗한 하늘이 되기 때문이다. 낯빛이 어두우면 이는 주역에서 천수송(天水訟)이라고 하는 괘상으로 평생 남과 다투는 일이 많고 법적 분쟁에도 휘말리는 운명이다. 사업에서도 성공하지 못하고 늘 분수에 넘치는 생각을 하다가 손해를 자초한다. 특히 눈 위쪽이나 아래쪽이 탁하거나 어두우면 이는 만사가 지연된다는 뜻이다. 결국 일은 성사되지 못할 것이다.

얼굴 피부에 검은 점이나 사마귀, 혹은 상처 등이 있어도 의미는 같다. 점이란 '나쁜 것을 지속시킨다'는 뜻이다. 그래서 가급적 점을 빼고, 점 위에 난 털도 제거하는 것이 좋다. 점 위에 나는 털은 '나쁜 물건을 예쁘게 포장한다'는 뜻이다. 털까지 나는 점은 기필코 제거해야 한다. 모름지기 얼굴이 맑고 깨끗해야 귀한 인생을 살 수 있다.

얼굴이 총체적으로 무거운 느낌을 주면 이는 천산돈(天山遯)이라는 괘상으로 영광스러움이 없고 남에게 주눅 들어 살게 된다. 나이에 맞지 않게 얼굴에 주름이 지나치게 많아도 평생 궁색하다. 인생의 흐름이 순탄하지 않기 때문이다. 얼굴의 주름은 양의 기운을 방해한다. 이는 하늘에 구름이 많고 기상이 불안정한 상태를 뜻하기 때문이다. 그리고 인생의 행보에 장애가 많다는 뜻도 있다.

지나친 주름은 공연히 사람을 늙어 보이게 만들기도 하지만 천박한 느낌도 준다. 주역의 괘상으로 간(☶)인데, 이것은 장애를 뜻한다. 하고자 하는 일이 어디선가 막힌다는 의미이다. 얼굴의 상처도 여러 가지 뜻이 있는데, 이런 것들이 눈 근처에 있으면 가장 나쁘다. 눈은 천양(天陽)을 뜻하는데 상처가 있으면 이것을 방해하기 때문이다.

하지만 눈 성형이나 주름을 없애는 시술은 나이가 어느 정도 든 후에 하는 게 좋다. 특히 너무 이른 나이에 주름을 없애는 시술을 하면 자칫 더 나쁜 변형을 유도할 수 있다. 어느 쪽이든 얼굴이 갑자기 변하는 것은 운명이 변할 징조다.

그렇다면 보조개는 어떨까? 보조개는 매우 좋다. 하늘에 떠 있는 별과 같다. 하늘의 별은 우주의 운명을 좋게 한다. 이것은 주역에서 리(☲)로 표현하는데 꽃 혹은 질서라는 뜻이 있다. 아름다움, 좋은 결과, 고귀함, 평화 등의 뜻을 가졌기 때문에 인생 자체에 커다란 이점으로 작용할 것이다. 여성의 경우 아름다움을 배가하는 포인트도 되므로 보조개는 운명을 좋게 이끄는 요소다.

여드름이 났거나 흉터 때문에 거친 피부는 어떨까? 여드름은 일시적일지라도 그 기간에 나쁜 운을 초래할 수 있다. 일시적인 피부병도 마찬가지다. 체질적으로 타고난 거친 피부 역시 운명에는 좋지 않다. 얼굴은 하늘인데 이는 하늘이 흐리다는 뜻이기 때문이다. 하늘이 흐리면 몸의 활동에도 지장을 받는다. 흐린 하늘이 지속되면 신분이 위태로워지는 등 나쁜 운명을 초래할 수밖에 없다.

먼 옛날에는 절도나 파렴치한 범죄를 저지른 죄인에게 묵형을 내리기도 했다. 묵형은 얼굴에 상처를 내고 먹으로 죄명을 써넣는 형벌인데, 평생 얼굴에 먹이 남아 천한 운명을 일으킨다. 얼굴의 문신도 마찬가지다. 그것이 비록 아름다운 모양이라 할지라도 흉터에 해당한다. 신분이 추락하고, 사업이 원만하지 못하며 분쟁을 자주 겪는다.

얼굴은 깨끗한 것이 가장 좋다. 얼굴에 난 상처 하나도 즉각적으로 운명에 영향을 일으킨다. 시간이 지나면 상처는 낫게 마련이지만 그동안은 각별하게 조심해야 한다. 계약이 파기되거나 배신을 당하는 등 돌발사태에 직면할 수 있다. 얼굴에 상처를 자주 입는 사람은 상처가 아물었다고 해도 그 자체가 운명에 해롭다. 이는 주역의 괘상으로 천수송에 해당하는데 분쟁이 일어나고, 재판에서 지고, 생산에 차질이 생기고 당연한 권리를 빼앗긴다는 의미이다.

─ 얼굴이 맑고 깨끗하면
운명은 반드시 좋아진다

얼굴은 우리 몸에서 가장 중요한 요소다. 넘어져서 얼굴에 상처가 생겼다면 이는 상당히 나쁜 징조다. 직업상 얼굴에 상처를 입을 가능성이 있는 사람은 항상 조심해야 한다. 예를 들어 격투기 종목 선수라면 더욱 조심해야 한다. 얼굴은 벌이나 모기에 쏘여서도 안 되고, 공연히 긁어서 상처를 내어서도 안 된다. 얼굴이 나빠지면 운명도 나빠진다. 평생 얼굴만이라도 곱게 보존한다면 그 자체로 운명적으로는 평온함을 누릴 수 있다.

얼굴이 언제나 깨끗하다면 비록 나쁜 시절을 보내고 있다 하더라도 반드시 회복한다. 얼굴은 천이므로 만사를 이끌어가는 중요한 동력이다. 따라서 이것을 깨끗하고 안전하게 보존하는 것은 운명을 좋은 쪽으로 보존한다는 뜻이다.

그리고 남녀 모두 얼굴을 가리고 다니는 것은 운명에 이익이 되지 않는다. 얼굴의 가림막은 양을 방해하는 음이기 때문이다. 이슬람 문화권에서는 종교적인 이유로 여성의 얼굴을 가리도록 하는 복식 문화가 있는데 내가 보기에 운명에는 해롭다. 선글라스를 착용하는 것 역시 얼굴을 가리는 것이므로 습관적으로 자주 쓴다면 (꼭 필요한 경우가 아닌데도) 반드시 운명에 안 좋은 영향을 미친다. 얼굴을 가리면 천이 가려지는 것이므로 사업이 괘도에 오르지 못하고 인간관계도 껍데기만 남거나 외톨이가 될 수 있다. 마스크도 특별한 이유가 없다면 최소한으로 사용하는 것이 좋다.

얼굴에 무엇인가 존재한다면 이것이 일시적이든 영구적이든 좋을 리가 없다. 얼굴에 점이 너무 많으면 신속하게 제거하는 편이 좋다. 얼굴에 있는 사마귀도 마찬가지로 뜻이 있는데 선천적으로 생겨나 어쩔 수 없다면 이에 대응하는 운명을 일으켜야 한다. 대응하는 방법은 뒤에서 자세히 소개하겠다. 얼굴의 어떤 문제 때문에 운명에 손해를 보고 있다면 이를 최소화하는 방법을 강구해야 한다. 그런 방법은 얼마든지 찾을 수 있다.

운명은 나도 모르는 사이에 발생하지만, 인간은 그것을 극복할 능력을 가지고 있다. 운명 개선은 평소 노력으로 얼마든지 가능하다. 그러나 먼저 운명이 나빠지지 않도록 하는 것부터 관심을 가지고 살펴야 한다. 예를 들어 피로 때문에 얼굴이 일시적으로 붓는다거나 지나치게 많이 먹어서 얼굴에 살이 오르는 것 등은 운명에 나쁜 단서를 제공하는 것이다. 사소한 생활습관에서부터 얼굴에 나쁜 변화가 생기지 않도록 각별히 신경 써야 한다.

7

얼굴의 태도는
절도 있고 단정하게

얼굴에도 태도가 있을까? 얼굴의 태도라고 하면 우선 얼굴의 움직임을 살펴볼 수 있다. 사람은 누구나 얼굴을 움직이면서 사는데, 여기에는 운명적 요소가 많다. 마음의 느낌이나 의지가 구체적으로 반영되기 때문이다.

예를 들어 대화할 때 고개를 심하게 뒤로 젖히는 사람이 있다고 치자. 고개를 젖히는 것은 일부러 그렇게 하거나 무의식적인 습관 때문이다. 처음에는 잠깐씩 그러다가 나중에는 습관으로 고착된다. 그렇게 오랜 시간이 지나면 그에 상응하는 운명을 초래하는 것이다. 결론부터 얘기하면 고개를 젖히고 듣거나 말하는 것은 매우 나쁘다. 반드시 운명의 철퇴를 맞게 된다. 그러한 태도는 매우 건방져 보이고 상대방을 기분 나쁘게 만들 수 있다. 사회적 존재가 갖추어야 할 도덕에도 어긋난다. 이러한 행태는 주역에서 택풍대과(澤風大過)라고 하는데 갑자기 벼락을 맞는다는 뜻이다. 사업은 마지막 순간에 파탄이 오고 많은 사람으로부터 버림받는다. 이는 무엇인가 깨진다는 뜻으로 위태롭기 그지없는 운명이다.

얼굴은 뒤로 젖히는 것보다 앞으로 약간 숙인 것처럼 보이는 게 좋다. 어떤 사람이 좋은 운명을 많이 가지고 있다고 해도 택풍대과의 관상이 들어 있다면 그 모든 좋은 운명이 무효가 되고 마지막에는 땅바닥에 주저앉게 된다. 돌연사라든가 반신불수 등을 초래하므로 각별히 조심해야 한다. 대개 의젓해 보이려고 고개를 약간 뒤로 젖히는데 이는 결코 좋은 태도가 아니다. 일부러 당당한 척하는 것 자체가 이미 나쁜 관상인 것이다.

그런데 항상 고개를 숙이고 있는 모습도 문제다. 그런 사람은 남이 말을 걸어와도 고개를 숙인 채 대답한다. 이는 천지부(天地否)♦ 또는 천산돈(天山遯)♦♦에 해당하는데 기울인 정도에 따라 괘상이 달라진다. 어느 쪽이든 두 괘상 모두 나쁜 운명이다. 특히 개인사업은 절대 성공할 수가 없다. 직장생활을 하더라도 조기에 퇴직당한다. 그리고 가정에서는 자식들에게 오래 우환이 생긴다. 시급히 고치지 않으면 인생 모든 것이 파탄 날 것이다.

습관적으로 두리번거리는 사람도 있다. 집중력이 없는 사람인데 이런 모습은 상대방에 대한 예의에도 어긋난다. 사람은 남이 말할 때 고개를 고정시키고 그의 말에 집중해야 한다. 이해한다는 뜻으로 가끔 고개를 끄덕이기도 해야 한다. 그런데 대화 중에도 집중은커녕 수시로 고개를 돌려 두리번거리면 어떻겠는가? 경찰에게 쫓기고 있는 처지도 아닌데 왜 그러는가? 이런 사소한 습관이 운명을 나쁘게 만들어간다.

주역의 괘상으로는 풍지관(風地觀)인데 이런 사람은 매사에 싫증을 잘 내고, 직장에서도 오래 근무하지 못한다. 친구 관계도 오래 이어가지 못하고 인생 전반에 정착이 잘 안 된다. 항상 사건을 끌고 다니는 나쁜 운명이다. 좋은 운명이란 결국 무엇인가 잘되는 것을 인생에 고착시키는 것인데 풍지관의 운명인 사람은 잘되는 것을 못 참는다. 어떻게든 망가트려야 편안하다. 사람은 혼자 있든 남과 있든 두리번거려서는 안 된다. 얼굴의 움직임은 절도를 갖추어야 하는 법이다. 얼굴 자체가 양이기 때문에 이것을 동요하게 만들면 안 된다는 뜻이다.

─ 두리번거리고
끄덕거리면 운도 흩어진다

고개를 유난히 많이 끄덕이는 사람이 있다. 대화 중에 긍정의 표시로 잠깐씩 끄덕이는 것은 예의 바른 행동이지만 계속해서 표가 나도록 끄덕이는 것은 좋지 않다. 이는 비굴한 행동으로 운명적으로는 신분이 천해진다. 그리고 이런 사람은 직위가 높아질 수 없고 한 직장에 오래 다닐 수도 없다. 자기 사업이라면 모를까 남의 사업에 나아가서는 결코 성공할 수가 없다. 큰돈을 벌 수도 없다. 고개는 잠깐씩, 천천히 움직이는 것이지 계속 끄덕거리는 것이 아니다. 한마디로 패배를 부르는 태도다. 남의 말에 공감하는 것 자체는 좋지만, 이것 역시 지나치면 뜻이 없어지고 미래도 흩어진다.

고개를 자주 가로젓는 사람도 있다. 심각한 경우는 상대방이 무슨 말을 하기도 전에 먼저 고개를 가로젓는다. 듣기도 전에 부정하는 것처럼 보인다. 이런 사람은 모든 경쟁 관계에서 탈락한다. 시험에서는 무조건 떨어지고, 직장도 구하지 못한다. 연애도 어렵고, 혹여 애인이 생겼다 하더라도 관계가 오래 지속되지는 못한다.

고개를 가로젓는 것과 비슷하게 공연히 안절부절못하고 불안한 기색을 보이는 사람이 있다. 이런 태도는 주역의 괘상으로 수산건(水山蹇)인데 이것 역시 나쁘다. 나쁜 운명을 기다리는 모습이다. 감옥에 가거나 크게 다칠 수도 있다. 죄 없이 벌을 받고, 사기를 당해 큰 재산을 날릴 수도 있다. 사소한 문제가 오래 지속되어 종래 큰 사건으로 비화할 운명이다. 이런 사람은 오래 살수록 운명이 점점 나빠진다.

어떤 사람은 고개가 삐딱하다. 왼쪽이나 오른쪽으로 기울어진 것이다. 일부러 그렇게 행동하기도 하고 습관적으로 그러는 경우도 있는데 운명의 결과는 똑같다. 이런 사람은 하늘이 돕지 않는다. 그래서 좋은 일은 생기지 않고 어쩌다 일감을 잡으면 길게 가지 않는다. 하늘이 돕지 않는데 어떻게 운명이 순행하겠는가! 이런 사람은 애인이 생기지도 않고 남으로부터 번번이 업신여김을 받는다. 사회생활이 몹시 어려운 사람이다. 물론 어디 가서 혼자 산다고 해도 순탄할 수가 없다.

굳은 표정과 앞으로 나온 얼굴은 흉하다

또 어떤 사람은 얼굴이 너무 굳어 있다. 상대방이 앞에 있는데도 머리 전체가 돌덩이처럼 요지부동인 것이다. 웃지도 않고 놀라지도 않는다. 상대방의 말에 공감하지도 않는다. 그저 조각처럼 멀

뚱히 앉아서 혼자 눈만 껌벅거릴 뿐 앞에 있는 사람을 쳐다보지도 않는다. 이런 사람은 주역의 괘상으로 천산돈(天山遯)인데, 사업은 시작부터 안 되고, 사고로 다치면 치료가 안 돼서 몸에 장애가 남을 수도 있다. 또 단명하고 남과 사귀는 일은 아예 불가능하다. 결혼을 했다면 가정은 어느 정도 지킬 수 있으나 미혼이라면 배우자를 만나기 어렵다. 새로운 직장이 생기지 않고, 직장이 있어도 높은 직위에 오르지 못한다. 사업은 확장이 안 된다. 천산돈은 산이 하늘 아래 할 일 없이 우두커니 엎드려 있다는 뜻이다. 그런 인생에 발전이 있을 리 없으니 아주 흉한 운명이다.

머리를 항상 앞으로 내밀고 있는 사람은 어떨까? 이런 사람은 급격한 파탄을 맞는다. 아랫사람이나 자식으로부터 배신당해 외로워질 수 있다. 한번 사고를 당하면 크게 다치고 사망에 이를 수도 있다. 병에 걸리면 치료가 안 된다. 사업은 모았다 망가지고 모았다 망가지기를 반복한다. 회사에서 강제로 퇴직당하고 정치인이라면 탄핵을 당하는 운명이다. 건강하다가 갑자기 죽기도 하니 인생 전체가 폭탄을 품고 사는 것처럼 위험하다. 머리를 내미는 버릇은 시급히 고치고, 항상 반성하는 태도를 가져야 한다. 높은 자리에는 아예 처음부터 올라가면 안 된다. 이런 운명이 싫다면 앞으로 쭉 나온 목을 어서 제자리로 돌려놓아야 할 것이다.

8

대단한 성취는
턱에 쌓인다

얼굴의 모양을 다시 한번 살펴보자. 앞서 양의 형태가 수직적이어서 얼굴도 상하로 약간 긴 달걀형이 좋다고 설명했다. 좀 더 세분해 얼굴 전체를 5개 부분으로 나눠보자. 34쪽 그림과 같이 눈 위 이마, 눈 아래에서 코 위까지, 코 아래에서(인중과 입) 턱까지 그리고 양쪽 뺨이다. 이들은 각각 뜻이 있다. 목화토금수로 나누었다고 해도 얼굴의 범주 논리가 달라지는 것은 아니다.

먼저 천의 영역인 이마를 보자. 이마가 아주 좁으면 활동력이 저하된다(그래서 이마가 좁으면 속이 좁다는 표현도 있다). 속이 좁다는 것은 이해심이 부족하고 아량이 없으며 스케일이 작아 쩨쩨하다는 뜻이다. 이런 사람이라면 사업을 벌이는 것보다는 변화가 적고 안정적인 직업이 적당할 것이다. 공무원 같은 직업도 좋다. 사업은 남과 자주 다퉈 크게 키우기 힘들 수 있다. 안정적이라는 장점도 있겠지만 큰 야망과 포부를 가졌다면 아무래도 답답하다.

사람은 넓은 시야, 포부, 포용력, 소통능력을 갖춰야 하는데, 이마가 지나치게 좁으면 삶이 옹졸해진다. 명예나 위세를 떨치기보다 보통 사람으로 소박하게 살기를 바랄 것이다. 그러나 이는 이마가 아주 좁아 거의 없다시피 한 경우를 말하는 것이다. 보통 사람 기준으로는 이마가 조금 좁다고 해서 너무 염려할 필요는 없다. 그저 이마는 다소 넓은 것이 좋다는 정도로 이해해두자.

― 인내심과 내공이 만들어지는 턱

다음은 지의 영역을 보자. 이는 턱과 인중인데 이곳이 좁으면 좋은 운명을 지킬 수가 없다. 물질이 쌓이지 않기 때문이다. 자손들도 잘되지 않고 어디 가서 큰소리도 치지 못한다. 늘 억눌려 살아갈 것이다. 물론 지나치게 턱과 인중이 좁은 경우를 말한다. 인중이 아주 짧고 턱이 거의 없다시피 한 사람은 단명하고 궁핍할 수 있다.

턱은 재물, 건강, 자손을 상징한다. 그리고 인내력이 만들어지고 내공이 쌓이는 곳이다. 그러므로 이곳이 좁다면 신체적으로는 면역력도 약해질 것이고, 건강이 좋지 않으니 운명도 크게 발전하지 못한다. 국가로 비유하면 영토가 너무 좁은 나라가 국제관계에서 힘을 발휘하지 못하는 것과 같다. 병이 들면 여간해서 치료되기도 힘들다.

턱과 인중이 넓다면 이와 반대라고 생각하면 된다. 인중은 '지중천(地中天)'이므로 이곳이 넓으면 오래 살고 사업도 제법 성취할 수 있다. 인중은 그 사람의 물질을 관장하는 곳이기 때문이다. 반대로 인중이 좁은 사람은 재물에 인색하다. 만약 넓은 인중에 턱까지 힘 있게 생겼다면 성취가 많고 재물도 넉넉해진다.

인중과 턱을 비교하면 어떨까? 이때는 턱이 더 넓은 것이 좋다. 턱은 '지중지(地中地)'이므로 재물운, 자식운, 배우자운 등 물질적인 운명을 관장한다. 인생에서 물질적인 풍요는 매우 중요하다. 또한 턱이 넓으면 웬만한 병은 쉽게 낫는다.

━ 좋은 뺨이
큰 성공을 부른다

이제 코와 눈 사이를 보자. 코의 위쪽이고 눈의 아래쪽이다. 이곳은 인의 지역이어서 매우 중요하다. 인생의 모든 경영이 여기서 시작된다. 인의 지역은 음양의 조화를 뜻하므로 이곳이 편협하면 (지나치게 좁으면) 사람과 교류가 이루어지지 않고 성공할 수 없다. 그래서 이곳은 천지인 삼재 중에 가장 중요하다. 천은 정의감, 총명함 같은 정신적인 면을 뜻하고 지는 재물이라면 인은 외교력이다. 인간관계(외교력)는 스스로 운명을 개척할 때 가장 중요한 요소로 작용한다. 사물은 천에서 시작하고 지에서 성장하고 인에서 완결된다. 인의 지역이 발달해 있지 않으면 인생의 행복은 없다고 봐야 한다. 눈과 코 사이가 넓고 맑고 깨끗하면 반드시 좋은 운명이 발생하고 튼튼하게 유지된다.

마지막으로 양쪽 뺨이 있다. 뺨은 턱에서 이마까지 측면을 관통하는데 이곳에서 운명의 다양성이 만들어진다. 이곳은 얼굴의 바깥쪽, 즉 양의 지역이므로 이곳이 깨끗하고 맑고 넓으면 만사형통하다. 사람의 얼굴에 존재하는 많은 단점이 보강되는 곳이기도 하다. 얼굴은 안쪽과 바깥쪽으로 나눌 수 있는데, 눈·코·입이 있는 가운데 부분이 음의 영역이고, 중앙에서 멀리 있는 뺨은 양의 영역이다.

양은 발산하고 음은 수렴한다. 양은 바깥으로 퍼지고 음은 안으로 지키는 성질이 있다. 인생이 대단히 성공하려면 양의 영역이 잘생겨야 한다. 재벌, 정치가, 유명인 등은 이곳이 잘 발달했다. 얼굴의 가운데 부분(음의 영역)이 성공의 필수조건이라면 양 뺨(양의 영역)은 충분조건이다. 뺨은 남에게 보이는 곳이고 가운데는 간직하는 곳이다. 뺨이 넓고 환하면 좋지만 지나치게 통통한 경우에는 운명에 그다지 좋지 않다.

Part 2.

오늘의 눈동자에
내일의 행운이 비친다

얼굴은 천이고 눈은 '천중천'이다.
정신은 양이고 천이기 때문에 정신의 형상이
눈에 투영되는 것이 당연하다.
눈에는 그 사람의 마음이 저절로 투사된다.
특히 그 사람의 정신세계, 지성, 심성을 알 수 있다.

9

눈은 태도와
행실의 축소판

　흔히 눈을 '마음의 창'이라고 한다. 그만큼 눈은 마음이 가장 잘 드러나는 곳이다. 얼굴 전체에도 감정이나 생각 등이 나타나지만, 그중에서도 눈은 특히 더 즉각적이고 자세하게 내면을 비춘다. 우리는 상대방의 눈을 보고 그의 내면에서 일어나는 일들을 짐작할 수 있다. 형사는 용의자의 눈을 보고 범인인지 아닌지를 파악하고, 선생님은 학생들의 눈을 보고 얼마나 수업에 집중하는지 알 수 있다. 부모는 자녀의 눈동자에서 거짓말을 잡아내고, 연인은 상대방의 눈빛에서 진실로 자신을 사랑하는지 아닌지를 감지한다. 이렇듯 눈에는 그 사람의 마음이 정확히 투사된다.

주역에서는 얼굴이 천이고, 눈은 '천중천(天中天)'으로 분류한다. 정신은 바로 양이고 천이기 때문에 정신의 형상이 천 중의 천인 눈에 투영되는 것이 당연하다. 관상에서도 눈을 보고 많은 것을 알아낼 수 있는데 특히 그 사람의 정신세계, 지성, 심성 등이다. 사회에서 권력을 잡거나 높은 위치에 오를지 혹은 명성이나 명예를 얻을지는 그 사람의 눈을 보면 알 수 있다. 대개 눈에 다 드러난다. '몸이 만 냥이면 눈은 구천 냥'이라는 말처럼 눈은 생리적으로도 중요하다. 물론 관상에서도 비중이 상당히 크다. 게다가 눈은 파악하기가 쉽고 '양 중의 양'으로 특화되어 있다. 물론 눈이 전부는 아니지만 제일 먼저 고려한다.

▬ 자제력이 없는 눈은 쉽게 좌절한다

눈에는 어떤 뜻이 담겨 있을까? 가장 먼저 보이는 것은 눈의 태도다. 눈을 어떻게 움직이는가를 천천히 살피고 깊은 뜻을 생각해보면 감정 상태나 성품을 짐작할 수 있다. 화났는지, 슬픈지, 공포에 질렸는지, 즐거운지, 만족스러운지 말이다. 그리고 성격이 오만한지, 친절한지, 다정한지도 알 수 있다. 전문가가 아니더라도 본능적으로 안다. 눈을 통해 상대방에 대해 간파하는 것은 어린아이도 할 수 있다. 그리고 대개 남성보다는 여성이 더 뛰어나다. 물론 인생에 연륜이 쌓인 사람일수록 눈에 대해 더 많이 안다. 눈의 씀씀이는 그 사람이 평생 가져온 습관이어서 그의 성품은 물론 운명까지도 알려준다.

화가 나 있는 눈은 주역에서 우레(☳)에 해당한다. 이런 눈은 소갈머리가 좁아서 남을 공격하거나 오해하기 십상이다. 그래서 운명이 쉽게 정착하지 못하고 사고를 끌어당긴다. 당장 고치지 않으면 내일이라도 바로 불운이 눈앞에 도래할 수 있다. 서둘러 눈의 태도를 바꿔야 한다. 눈의 태도는 매 순간의 마음을 반영한다.

반대로 늘 웃는 것처럼 보이는 눈도 있다. 웃음기가 가득한 눈으로 주변에 웃을 일이 없어도 공연히 웃는 것처럼 보인다. 웃는 인상이 좋은 것 아니냐고 묻는 사람도 있지만, 의외로 이것은 흉한 관상이다. 방황하는 인생을 살 것이고 일에서 큰 성과를 내지 못한다. 남에게 진심을 얻기 힘들고, 정신력이 약해서 쉽게 좌절한다. 운명의 그릇도 좁아진다. 웃음이란 그 자체가 바람이기 때문에 아무 때나 실실 웃지 않도록 자제력을 길러야 한다. 친절한 눈을 갖지 말라는 뜻이 아니다. 친절함에는 당연히 미소가 동반되지만, 그 미소 역시 절도가 있어야 하는 법이다. 아무렇게나 흘리지 않는 단정한 웃음이어야 좋은 뜻이 된다.

또 유난히 바삐 움직이는 눈이 있다. 무엇인가 끊임없이 살피는 것인데, 이것 역시 아주 나쁘다. 도둑, 사기꾼, 비양심적인 사람의 눈이다. 이런 눈은 당연히 나쁜 운명을 초래한다. 좋은 운명이란 그저 주사위를 던져서 나오는 것이 아니다. 바른 생각이 많을수록 운명도 좋아지는 법이다. 남을 비웃거나 깔보는 눈, 불성실하거나 집중하지 않는 눈은 총체적으로 '싹수가 없는' 눈이고, 이런 눈은 운명이 산산조각 난다는 의미다. **요컨대 눈에는 불량한 감정, 경박한 감정 등을 담지 않는 것이 좋다. 눈은 진지해야 하고 삼가야 한다. 그래야 운명이 귀해지는 법이다.** 형태가 어떻든 눈의 놀림은 평화로워야 한다.

눈의 길이는
운명의 넓이

여기까지는 상식적인 것으로 누구나 조금만 생각해보면 알 수 있는 일이다. 눈이란 몸 전체에서 나타나는 태도나 행실의 축소판이다. 이쯤에서 눈의 깊은 내용을 살펴보기로 하자. 우선 눈의 크기이다. 좌우의 길이가 지나치게 짧은 눈은 박복하다. 운명의 스케일이 작고 무슨 일이든 길게 이어가지 못한다.

눈은 좌우 눈동자 아래쪽으로 선을 내렸을 때 입의 양 끝보다 약간만 바깥에 있는 것을 최상으로 본다. 이는 총명하고 권력을 끌어안을 능력이 있다는 뜻이다. 권력이란 관직만을 뜻하는 것이 아니라 기업의 대표, 높은 직책 등도 포함한다. 그리고 사업도 크게 키울 수 있다. 눈 사이가 너무 좁으면 인생이 옹졸해진다. 큰일을 하기보다는 평생 소시민으로 살아갈 운명이다. 그리고 운명에 문제가 발생했을 때 벗어나는 데 애를 먹는다. 눈의 양 끝은 대체로 입의 끝보다 바깥에 있다. 그러나 눈의 안쪽(눈과 눈 사이) 공간이 너무 넓으면 안 된다. 이는 마지막이 안 좋다.

그리고 눈이 바깥쪽으로 약간 나서 있으면 이성이 발달한 것이고 안쪽으로 약간 모여 있으면 감정적인데 눈은 이성적인 것이 좋다. 삶에서 감정이 너무 많으면 좋은 운명을 기대할 수 없다. 물론 직업에 따라 감정이 풍부해야 하는 사람도 있겠지만, 무엇이든 한 쪽으로 너무 치우치면 안 된다는 뜻이다.

눈의 좌우 길이는 운명의 넓이와 비례한다. 운명은 일단 넓어야 그 안에 많은 것을 담을 수 있다. 하지만 눈의 좌우가 길다고 무조건 좋다는 뜻은 아니다. 어느 정도여야 한다. 좋은 관상의 제1 조건은 얼굴에 있는 생리 기관이 지나치게 크거나 작아서는 안 된다는 것이다. 크기에는 일정한 범위가 있는데 그 안에서의 길이가 적당해야 한다는 의미다. 긴 눈이 좋다고 해서 관자놀이까지 가서는 안 될 일이다.

이제 눈과 눈 사이의 공간을 보자. 이곳도 다소 넓은 편이 좋다. 이 공간은 콧등이 길게 올라와서 마치 산맥처럼 양 눈을 좌우로 나눈다. 콧등이 길게 올라오지 못해 눈과 눈 사이가 가까운 경우도 있는데, 지나치게 가까우면 흉한 관상이다. 눈과 눈 사이에 뚜렷한 공간이 있어야 한다.

눈 사이 공간은 밝게 빛나는 낮의 하늘을 의미한다. 낮은 활동력을 뜻하기 때문에 눈 사이의 공간이 넓은 사람은 그만큼 밝고 활동력이 크다. 눈 사이가 너무 좁으면 사업이 위축되거나 직장에서 승진이 막히고 한직으로 물러난다. 결국 나쁜 운을 맞는 것이다.

눈의 안쪽에서 수직으로 내려그은 선은 코의 양쪽 콧방울(바깥쪽 콧볼)을 통과하는 것이 좋다. 평생 왕성하게 활동하고 성취하는 일이 많을 것이다. 그러나 코가 좌우로 지나치게 넓은 사람은 눈 안쪽의 수직선이 코 안에 갇힌다. 그런 경우는 크게 걱정할 것이 없다. 이것은 눈과 눈 사이의 간격이 좁아서가 아니라 코가 너무 넓어서이기 때문이다.

관상에 있어서 생리 기관의 크기는 절대 크기가 아니라 상대 크기이다. 얼굴의 모든 생리 기관은 조화로워야 한다. 그래야 심미적으로도 좋다. 이는 관상의 제2 조건이다. 관상에서 아름다움은 보조적인 기능이지만, 여성의 경우에는 이것만으로도 운명에 큰 도움을 받기도 한다. 그러므로 얼굴의 뜻은 공식에 맞추듯이 딱딱하게 해석해서는 안 된다.

10

눈 아래가 어두우면
근심이 많다

얼굴의 공간을 자세히 살펴보자. 크고 작음, 넓고 좁음은 상대적이라고 앞서 충분히 설명했다. 얼굴이 크다면 얼굴의 모든 공간이 자연스럽게 넓을 것이다. 이제 얼굴의 중심을 보자. 눈 아래에서 코까지의 공간이다. 이곳은 '천중인(天中人)'이라고 부른다. 얼굴이 천이고 그 중간이기 때문에 그렇게 부르는 것이다. 인이란 천과 지가 어우러지고 음과 양이 화합하는 곳이다.

노자는 이렇게 말했다. "만물은 음을 등에 지고 양을 끌어안으며 충기(沖氣)로 화합한다." 여기서 '충기'는 인을 말하는 것으로, 얼굴에서는 눈의 아래에서 코까지에 해당한다. 얼굴의 관상은 이곳에서 많은 것이 결정된다. 가령 이곳이 거무스름하거나 칙칙하다면 이는 세상이 어둡다는 뜻으로 태양이 높게 뜨지 못함을 의미한다.

얼굴에서는 눈이 태양이다. 얼굴은 하늘이고 눈은 태양이므로, 눈(태양)은 얼굴(하늘)의 상태에 의해 빛을 발할 수 있다. 눈 아래가 어둡다는 것은, 날이 흐려서 태양이 빛을 밝게 비추지 못한다는 뜻이다. 그래서 이런 사람의 운명은 대체로 어둡다. 근심이 많고 무슨 일이든 궤도에 잘 오르지 못한다.

━ 눈꺼풀은 바람, 눈 아래는 연못

인생은 물질도 중요하지만 그 모든 것은 결국 정신의 활동에 의해 창조된다. 태양, 즉 정신이 빛을 발하지 못하면 당연히 성취가 적다. 힘겹게 무엇인가를 이루어내더라도 영광이 길지 않다. 천중인의 공간에 있는 점, 사마귀, 상처 역시 나쁘다. 이러한 흉터는 눈 위쪽에 가까울수록 운명에 더 나쁜 영향을 끼친다. 선천적인 것이라면 어쩔 수 없지만, 원래 멀쩡했는데 갑자기 생긴 것이라면 빨리 제거하거나 치료해야 한다.

눈 주위는 피부병도 조심하고 심하게 긁어서도 안 된다. 이곳에 주름이 지나치게 많아도 운명에 해가 될 수 있다. 반면 천중인의 공간이 깨끗하고 맑으면 이 자체만으로 좋은 운명이 전개된다. 쾌청한 운명인 것이다.

그중에서도 눈 바로 아래 부분은 주역의 괘상으로 연못(☱)에 해당한다. 눈 아래 부분은 눈꺼풀에 비해 약간 두텁고 힘이 있어야 좋다. 이에 비해 눈꺼풀은 바람(☴)에 해당하므로 얇은 것이 좋다. 눈꺼풀이 너무 넓거나 두꺼우면 매우 안 좋다. 괘상으로 지화명이(地火明夷)인데 이는 밝음이 사라지고 암흑 세상이 온다는 뜻이다. 흉한 운명이다.

눈꺼풀이 너무 두꺼워서 움직임이 둔하거나 눈을 크게 뜨지 못하는 경우도 역시 좋지 않은 관상이다. 이것은 괘상으로 뇌화풍(雷火豐)이다. 액운이 해소되지 않고 근심이 점점 쌓여간다는 뜻이다. 쌓여서 해롭다는 의미로 집 안에 쓰레기를 쌓아놓고 치우지 않는 것과 같다.

요즘은 눈꺼풀을 얇게 만들어주는 성형수술도 있다고 하는데 수술 사고만 나지 않는다면 해볼 만하다. 앞서 설명했듯 자연적으로 태어난 얼굴 모양이나 만들어진 모양이나 운명에는 동일한 효과를 발휘한다.

눈꺼풀에 점이나 상처가 있으면 나쁘다. 눈꺼풀이 유난히 어두운 것도 당연히 나쁘다. 눈꺼풀에 상처가 나거나 색이 어두워지는 것은 미래가 나빠진다는 뜻이다. 또한 눈의 바로 아래쪽에 흉터나 점 등이 생겼다면 이는 과거의 업적이 사라진다는 뜻이다. 이처럼 눈 주위는 각별히 보호해야 한다.

이사, 여행, 짐 정리로 나쁜 운명에서 벗어나라

얼굴의 모든 곳이 중요하지만 그중에서도 눈이 가장 중요하다. 눈의 모양은 빠른 속도로 운명을 유도하기 때문이다. 눈은 천(하늘) 인 얼굴 중에서도 양(태양)이기 때문에 모든 것이 급속하게 이루어 진다. 인생에는 좋은 일도 있고 나쁜 일도 있지만 시간이 지나면 대부분은 저절로 해소된다. 하지만 어떤 일이(특히 나쁜 일이) 오랫동안 나를 괴롭힌다면 다른 일에도 지장이 생길 수밖에 없다. 이런 운명이 닥치면 감옥에 가거나 몸의 병이 낫지 않고 후유증이 남을 수 있다. 주변에 원한이 생기고 자손들에게 나쁜 일이 생긴다. 돈을 벌지 못하는데 빚이 쌓이는 형상이다.

이런 운명은 벗어나기가 쉽지 않다. 하지만 먼 곳으로의 이사나 여행 등으로 풀 수 있다. 한곳에 오래 있으면 새로움이 없어지고 운명이 고착될 수 있다. 사는 곳을 바꾸면 새로운 마음이 생기고 이로써 운명도 바뀌는 법이다(다만 고향 땅에 있는 집이라면 함부로 팔아서는 안 되고 대신 증축하면 좋다). 사람의 마음이 고정되거나 단점이 생기는 이유는 생활 패턴 때문인데 이것은 주로 사는 장소에서 발생한다. 그리고 현재 자기 집이 없는 사람은 집을 마련할 때 장기적인 관점을 가져야 한다. 이 집이 영원히 살 만한 곳인가를 살펴봐야 하고 그 이유가 뚜렷해야 한다. 집은 정신과 영혼의 발전을 도모해 운을 발전시키는 곳이다.

무엇이든 잘 안 되는 것이 있다면 빨리 포기하고 새로 일을 잡아야 한다. 여담이지만 마음속에 미움이나 원망이 쌓였다면 상대방을 용서함으로써 털어버리고, 집 안의 짐도 대폭 줄이는 것이 좋다. 집에 살림살이나 짐이 너무 많으면 그것 역시 운명에 매우 나쁘다. 눈꺼풀이 무겁고 둔한 것은 운명에 짐이 많다는 뜻인데, 이것을 풀려면 가급적 많이 돌아다니고 짐을 줄여야 한다. 성격도 외향적으로 바꾸고 매사에 내범하게 저신하는 것이 이롭다.

사소한 것에서 불운이 커질 수 있는데 뇌화풍의 운명을 맞았다면 작은 나쁜 일에도 2차, 3차 피해가 이어질 것이다. 무엇보다도 눈꺼풀에 문제가 있으면 빨리 해결해야 한다. 오래 방치했다가 눈꺼풀의 놀림이 더 불편해지면 분명 나쁜 운명을 끌어들인다.

쌍꺼풀 수술은 그로 인해 눈이 커 보이거나 더 잘 떠진다면 매우 좋다. 눈꺼풀을 가볍게 만든 결과이기 때문이다. 그러나 눈꺼풀을 수술하고 나서 눈을 뜨기가 불편하거나 눈의 모양이 둔해 보이면 좋지 않다. 따라서 쌍꺼풀 수술은 섬세하게 해야 한다. 쌍꺼풀의 크기를 큼직하게 만드는 것은 매우 위험하다. 쌍꺼풀 수술을 해야 하는지 말아야 하는지 묻는다면 나는 보통 안 하는 것이 좋다고 말한다. 그러나 심미적인 목적이라면 20~30대보다는 40~50대에 하는 것이 더 좋다. 아주 젊을 때는 눈의 변화가 아직 진행 중일 테니 좀 더 두고 보자는 뜻이다.

11

눈썹이라는 지붕이
얼굴의 신분을 좌우한다

이제 좀 더 위로 올라가보자. 눈썹이 나온다. 어떤 눈썹이 좋을 까? 일단은 털이 많고 색깔도 검고 뚜렷한 눈썹이 좋다. 그리고 눈 썹의 길이도 어느 정도 적당히 넓고 긴 것이 좋다. 눈썹 끝은 약간 내려가야 한다. 만약 타고난 눈썹이 치켜 올라가 있다면 이는 수술 을 해서라도 교정해야 한다.

먼 옛날 《삼국지》의 영웅인 장비는 눈썹이 치켜 올라가 있고 털 도 많았다. 이는 용맹하다는 뜻인데 무운을 많이 세우는 운명이다. 하지만 대개는 나쁜 운명에 속한다. 인생에서 싸움으로 이룩할 것 이 얼마나 되겠는가! 눈썹은 곱고 풍요로워야 한다. 요즘 눈썹을 아예 밀고 문신으로 대신하는 사람도 있는데, 이것은 운명에 결코 좋을 리 없다. 사람의 얼굴에서 눈썹은 미적인 이유로도 필요하지만 운명적으로도 중요하다. 눈썹이 너무 적은 사람은 이식수술을 하면 된다. 현대의 성형의학으로 운명을 개선할 수 있다는 말이다. 흰 눈썹은 음(눈썹)을 통솔하는 새로운 기운(흰 털)이므로 그대로 두는 것이 좋다. 하지만 너무 나이 들어 보이거나 전체적인 아름다움을 해친다면 뽑아버리는 것이 낫다.

눈썹이 제대로 나 있는 사람의 경우를 보자. 눈썹이 선명하고 풍요롭고 긴 사람은 산화비(山火賁)로 매우 좋은 운명을 누린다. 이는 하늘이 돕고 신분이 귀하게 유지된다는 뜻이다. 가정이나 사회 등 모든 면에 풍족하고 결함 없는 운명을 누린다. 건강도 훌륭하게 유지하고 여성은 아름다움이 돋보일 것이다. 아주 좋은 운명이다.

길고 선명하고 풍요로운 눈썹이 좋은 운명을 부른다

눈썹은 집으로 말하면 지붕 역할을 한다. 집은 지붕이 아름답고 튼튼해야 권위와 실용을 둘 다 이룰 수 있다. 눈썹은 운명에 있어서 그런 역할을 한다. 반면 눈썹이 짧거나 선명하지 않으면 이는 화산여(火山旅)인데 이런 운명은 가정에 어려움이 많고 정착이 어렵다. 가족 간에 소원하고 친지에게 배신도 당한다. 고향을 떠나 타국에서 지낸다거나 빚을 많이 지는 등 고통이 오래 이어진다. 하지만 이러한 불운은 영구적인 것이 아니어서 말년에 다소 풀릴 것이다.

어떤 사람은 눈썹이 가운데(미간) 쪽으로 몰려 있는데, 이것 역시 좋은 운명은 아니다. 살림살이가 편협하고 평생 큰 재산은 모으지 못한다. 다른 운을 끌어와 보강해야 할 것이다. 운이란 한 가지가 나쁘다고 해서 나머지 모든 것이 나쁜 것이 아니다. 보강할 수 있는 대비책을 세우면 나쁜 운명도 어느 정도 피해갈 수 있다. 이는 마치 우리 몸의 건강과도 많이 닮았다. 한 곳이 조금 나빠져도 다른 곳이 건강하면 얼마든지 일상을 회복하고 행복하게 지낼 수 있다.

양 눈썹 사이는 간격이 좀 있는 것이 좋다. 운명의 폭이 넓어지기 때문이다. 운명의 폭이 넓은 사람은 인생 전체에 다양한 길이 열린다. 그래서 한 곳에 파묻혀 고생하는 일은 적다. 눈썹 사이가 널찍해도 눈썹 자체의 길이가 너무 짧은 것은 문제다. 이런 운명은 뇌산소과(雷山小過)라고 하는데 새가 창공을 날지 못하고 언덕에 머무는 상이다. 운명이 크게 활개 치지 못한다는 뜻이다. 이런 사람은 인생을 좀 넓게 바라보고 대인관계의 폭을 넓힐 필요가 있다.

양 눈썹 자체가 지나치게 짧고 좌우가 눈에 띄게 다른 경우도 있다. 이런 사람은 인생이 크게 요동칠 수 있다. 한때 잘나가다가도 마침내 어느 곳에선가 펑크가 나는 것이다. 이런 사람은 최대한 한 우물을 파야 한다. 여기저기 두리번거리고 욕심을 내면 나중에 감당하지 못할 일이 발생한다.

눈의 아래로 내려가자. 앞서 눈은 위쪽보다 아래쪽이 두툼해야 한다고 밝혔다. 그렇다고 눈 아랫부분이 너무 두툼하다거나 마치 장벽처럼 테두리가 받치고 있는 모양이면 이는 아주 흉하다. 감옥에 갈 수도 있고 고독해지며 매우 궁핍해질 수 있다. 주역의 괘상으로는 택수곤(澤水困)인데 이것은 호수에 물이 마른다는 뜻이다. 또 전진하는 데 큰 방벽이 막아선다는 뜻도 있다. 매우 나쁜 운명 중 하나로, 오랫동안 되는 일이 없을 것이다. 특히 남과의 경쟁에서 늘 뒤처진다.

눈에서 조금 더 내려가면 '천중'이 나온다. 널찍하고 맑은 색깔이 되도록 천중을 보강해야 한다. 천중이 깨끗하고 맑으면 동지가 많이 모이고 모든 일에 성취가 쉬워진다. 하늘도 나를 이끌어주며 큰 잘못만 저지르지 않는다면 만사가 쉽게 풀려나간다. 이런 사람은 세월이 갈수록 운이 커지는데 주역의 괘상으로는 천화동인(天火

同人)에 해당한다. 이 괘상은 사람이 저절로 옳은 길로 나아가게 되고 하늘이 이를 이끌어주어 크게 성취한다는 뜻이다. 이런 운이라면 정치인이 되면 좋다. 직장에서는 진급이 빠르고 사업도 널리 확장할 수 있다. 이런 사람이 이마저 깨끗하다면 운명은 여기에 더해 10배 더 좋아질 수 있다. 모름지기 얼굴은 깨끗해야 한다. 미적인 이익보다 운명적인 이익이 더 커지기 때문이다. 하늘이 맑고 청정하다면 만물은 이곳에서 활동을 크게 넓힐 수 있는 법이다.

▬ 힘주어 부릅뜨지 말고
편안하게 적당히

이제 눈 자체를 바라보자. 우선 눈의 바깥둘레가 어떻게 생겼는가? 아몬드처럼 좌우로 길쭉하다. 눈이 진화할 때 사람은 벌판에서 주로 좌우를 살폈다. 호랑이는 높고 낮은 지역을 살피는데 이는 호랑이의 사냥 특성 때문이다. 하지만 사람은 높고 낮음보다 좌우를 살피는 것이 더 중요했다. 그래서 눈이 좌우로 길어진 것이다. 그리고 여기에 내면의 정신 활동도 반영되었다. 그런데 만약 눈 테두리가 호랑이처럼 둥글다면 어떨까? 이것은 정신의 안정을 해칠 것이다. 상하좌우를 모두 봐야 하니 신경이 곤두설 것이다. 밖에서 들어오는 정보가 너무 많아져서 정신이 바빠지고 불안정해진다.

사람도 호랑이처럼 볼 수 있으면 편리할 것 같지만 실상은 그렇지 않다. 진화는 각 개체에 꼭 맞는 형태로 이루어져 왔다. 인간의 눈은 좌우로 가는 모양에 정착했고, 정신력도 그에 맞도록 발달했다. 운명 역시 정신의 발달에 따라 변화하는 법이다.

눈은 좌우로 길지만 위아래는 완만하게 둥글다. 이것은 안구를 덮어 빛이 지나치게 많이 들어오지 못하도록 막기 위한 것이다. 눈의 위아래가 너무 넓으면 이것 역시 정신이 불안정해지고 운명에도 손상이 온다. 눈의 둘레가 상하로 약간 높으면 괜찮지만, 너무 동그란 모양은 좋지 않다는 말이다. 판단이 깊지 않고 단편적이며 질서가 없다. 매사에 치밀하지 못해 혼란스럽다. 간혹 여성의 경우 동그란 눈이 예쁘게 보여 운명에 이익을 얻는다. 하지만 눈의 상하가 너무 높으면 인생은 안정되지 못할 것이다.

그리고 일부러 눈을 너무 크게 뜨는 버릇은 매우 안 좋다. 눈은 그저 살짝 뜨면 된다. 눈이 너무 둥글거나 지나치게 크게 뜨는 것은 주역에서 택풍대과(澤風大過)라고 하는데, 큰일이 생겨 업적이 무너지고, 이혼이나 큰 교통사고를 당할 수 있다. 사업도 갑자기 파산하고 가정도 파탄에 이를 수 있다.

택풍대과는 호수가 넘쳐 주변에 있는 나무마저 삼킨다는 뜻이다. 그러니 눈은 가급적 편안하게 적당히 떠야 한다. 일부러 힘주어 크게 뜨려고 하면 나중에 그것이 습관으로 고착된다. 그런 인상이 굳어지면 과장된 사람으로 보이고, 주변의 신뢰를 얻지 못한다. 타인과 깊은 우정을 나눌 수도 없다. 선천적으로 눈의 상하가 유난히 넓은 사람은 눈의 움직임을 차분히 하고 진중함을 갖춰야 한다. 그러다 보면 정신도 안정되고 운명에도 평화가 도래할 것이다.

12

눈동자는
태양이 떠오르는 것처럼

속눈썹은 눈을 보호하는 기능을 한다. 눈꺼풀에 물방울이 흘러 떨어질 때 윗눈썹과 마찬가지로 물이 흘러내리는 것을 약간 막아주어 눈을 보호한다. 그러나 이 기능은 매우 약해 속눈썹은 주로 먼지나 땀 등을 막아주는 데 그친다. 하지만 중요한 기능이라서 속눈썹이 없다면 눈에 귀찮은 일이 발생한다.

관상학적으로 속눈썹은 작은 천장의 역할을 하는데, 말하자면 실내의 천장이다. 앞에서 살펴본 윗눈썹은 건물의 지붕이라고 설명했다. 주역에서 천장과 지붕은 뜻이 같다. 주역은 만물의 뜻을 규명하는 학문이라서 사물의 뜻이 같으면 같은 괘상으로 본다.

다만 사물의 뜻이 같더라도 거기에는 강약이 있으므로 괘상을 더욱 세분할 수 있다. 여기서 지붕은 산(☶)이고 방의 천정은 풍(☴)으로 표현하는데 산과 풍은 둘 다 오행 중 금(金)에 해당한다. 더 정확히 말하면 사상(四象) 분류로 소음(小陰)에 속한다.

길고 풍성한 속눈썹은 안정적인 발전을 뜻한다

속눈썹의 생리적 기능이 무엇일까? 이것을 뜻으로 표현하면 주역의 괘상이 된다. 속눈썹은 괘상으로 풍(☴)인데 이것은 가볍지만 눈을 보호해준다는 뜻이 있다. 눈을 보호하는 것이니 아무튼 속눈썹은 긴 것이 좋다. 생리적으로도 긴 것이 유리한데 주역의 뜻으로 보면 좀 더 자세히 그 의미를 알아볼 수 있다.

속눈썹(바람)을 눈과 합치면 풍화가인(風火家人)이 된다. 이 괘상은 좋은 운명을 나타내고 있다. 가정을 잘 꾸리고 안정적으로 발전한다는 뜻이다. 미혼인 사람에게는 좋은 혼처가 생기고, 직장생활에서 크게 성공할 것이다. 풍화가인은 큰 조직을 의미하는바 이 괘상을 가진 사람은 직장에서 뛰어난 능력을 발휘해 성공하고 인정받는다.

심미적으로도 속눈썹은 특히 여성에게 매우 중요한데 이것은 애인을 유도하는 운을 일으킨다. 그래서 속눈썹이 길면 좋고, 만약 속눈썹이 별로 없거나 너무 짧은 사람은 화장할 때 인조 속눈썹을 붙이면 된다. 그렇게 해도 운명의 뜻은 같다. 아예 연장 시술을 해서 영구적으로 긴 속눈썹을 붙여두는 것도 좋다(혹시 모를 생리적인 부작용이 있을지도 모르니 수술하기 전에 성형외과 의사와 반드시 상담하기 바란다). 단, 남성의 경우 속눈썹을 붙이면 이롭지 않다. 풍(☴)은 가벼운 것인데 남성에게는 적합하지 않기 때문이다(하지만 앞에서 살펴본 윗눈썹은 숱이 너무 적으면 수술로 늘리거나 모양을 다듬는 것도 괜찮다).

눈 아래쪽에도 속눈썹이 있는데, 이것은 위쪽 속눈썹에 비해 숱도 적고 짧다. 사람의 눈은 주로 아래쪽을 많이 보기 때문에 아래 속눈썹이 길면 불편하기 때문이다. 인체의 생리적인 진화는 이 모든 것을 감안해 이루어지고, 결국 운명에 좋은 결과를 가져온다. 어쨌든 아래 속눈썹은 약간 있으면 좋다. 이것은 호수 주변에 피어난 풀잎 같은 역할이라서 운명에서는 평상심의 이탈을 막아준다. 그리고 후손이 잘된다는 의미도 있다. 아랫눈썹은 자세히 봤을 때 약간만 있으면 된다.

─ 양의 기운을 잘 보존하는 것이
좋은 눈이다

이제 눈 속을 더 깊이 들여다보자. 눈의 가장 중요한 부분인 눈동자가 나타난다. 이것은 '천중천'으로 하늘의 태양이다. 여기에 많은 운명의 징조가 서려 있는 것은 두말할 나위가 없다. 먼저 생각할 것은 안구의 크기이다. 이것은 너무 클 필요가 없다. 아니, 오히려 너무 크면 나쁘다. 눈은 양이기 때문에 크다는 것은 지나치다는 의미가 있기 때문이다. 양이란 오히려 자제되어야 한다. 음의 보호를 받아야 한다는 뜻이다. 그래서 눈이 무조건 크면 안 된다. 물론 눈 둘레, 얼굴 크기와 비교해서 눈동자의 크기가 적당한가를 말하는 것이다.

눈동자는 적당한 크기여야 하고, 좌우로 길쭉한 눈의 중앙에 위치해야 한다. 눈동자가 좌우로 치우치면 운명에 나쁜 영향을 준다. 눈동자가 가운데로 몰리면 감정적인 사람이 되어 운명이 편협해진다. 반대로 눈동자가 바깥으로 퍼져 있으면 지나친 이성주의와 정서 결핍으로 판단력에 결함이 생긴다. 운명에 나쁜 영향을 주는 것은 당연하다. 모름지기 관상은 중용을 귀히 여긴다. 유별난 것은 해당 분야에 장점이 될 수도 있으나 운명이 좋아지려면 균형이 더 중요하다. 이에 대해서는 뒤에서 조금 더 설명하겠다.

눈동자를 더 보자. 이것은 아래위로 눈꺼풀이 감싸고 있다. 이때 아래쪽 눈꺼풀은 수평이 좋다. 아래로 약간 오목해도 괜찮지만 수평일수록 더 좋다. 이러한 모양을 주역의 괘상으로 화지진(火地晉)인데 이는 강력한 전진을 뜻한다. 새벽에 지평선에서 태양이 떠오르는 모습을 떠올려보라. 이런 운명은 매사에 진취적이어서 높은 직위에 오르거나 사업에서 크게 성공한다. 물론 직장에서도 쉽게 진급하고 높은 직책을 맡아 사람들로부터 부러움과 신임을 받는다. 가정도 행복해질 것이다. 그리고 위의 눈꺼풀은 둥그스름한 모양으로 눈동자를 덮어야 한다. 수평이면 나쁘다. 좋은 눈의 모양은 아래에서 받쳐주고 위에서 덮는 것이다. 그래야 양의 기운이 보존되고 작용이 극대화되기 때문이다.

이때 눈동자는 아래위 눈꺼풀에 닿아 있어야 한다. 눈동자가 아래로부터 들떠 있어 안구 아래쪽 흰자가 보이면 흉하다. 이는 정착하지 못한다는 뜻이다. 그리고 위에 흰자가 보이면 평생 사고를 달고 산다. 당연히 업적이 보존되지 못한다. 만약 눈동자 아래위에서 흰자가 보이면 이는 아주 흉한 것으로 평생 방황하고 사람들이 모두 떠나간다. 가정도 이룰 수 없을 것이다. 이는 주역의 괘상으로 풍지관(風地觀)인데 바람이 대지 위를 떠돈다는 뜻이다. 한마디로 되는 일이 없다.

━ 촉촉한 눈동자는 만사형통,
　　작은 눈동자는 늦은 성공

　　눈동자는 검은색이 좋은데 인종에 따라 다를 수도 있다. 다만 어떤 인종이든 눈동자는 짙은 색, 어두운 색이 좋다. 그리고 안구는 약간 촉촉한 느낌이 들어야 한다. 안구가 메마른 듯한 느낌을 주면 이는 단명하고 사업을 해도 길게 가지 못한다. 친지나 가족들과는 헤어질 운명이다. 반면 눈동자가 촉촉한 것은(촉촉한 눈동자는 약간 빛나는 것처럼 보인다) 주역의 괘상으로 수화기제(水火旣濟)인데, 이는 완성을 뜻하는 괘상으로 만사형통의 운명이다. 다만 이런 운명은 많은 것을 성취하지만 잃는 것도 있으므로 처음부터 너무 욕심내지 말아야 한다. 옛말에 이를 두고 '이룩하고도 소유하지 않는다'라고 하는데, 이런 사람은 많이 양보하고 베풀면 인생에서 이루지 못할 것이 거의 없을 것이다.

　　한편 눈 전체가 작고 그 안의 눈동자가 작은 경우는 운명이 크게 나쁘지는 않지만 성공이 늦어진다는 뜻이 있다. 성공하지 못한다는 것은 결코 아니지만 늦어진다는 뜻이므로 대체로 나쁘다고 봐야 할 것이다.

　　이번에는 안구의 흰자를 보자. 이것은 맑고 깨끗해야 한다. 흰자 안에 점이 있으면 아주 나쁘다. 남에게 배신당하고 많은 것을 잃어 쓰라린 말년을 맞이할 것이다. 선천적으로 흰자에 점이 생겨 어쩔 수 없다면, 다른 운명을 만들어내야 한다. 관상에서 나타나는 운명들은 특별한 경우가 아니라면 얼마든지 벗어날 수 있다.

운명은 종합적으로 나쁠 때가 문제다. 그러나 이럴 경우라도 미리 염두에 두고 조심하면 그 자체로 운명을 피해갈 수 있다. 운명을 피하는 방법에 대해서는 뒤에서 좀 더 설명하겠다. 중요한 것은 운명을 미리 짐작하고 삼가는 것이다. 소위 운명에 겸손한 태도를 갖는 것인데 이렇게 하면 돌파구가 생기고 하늘도 돕는다.

운명이란 절대적으로, 완전히 정해진 것이 아니다. 그렇게 될 개연성이 높다는 뜻일 뿐이다. 미리 준비하면 얼마든지 바꿀 수 있다. 공자가 운명을 두려워하라고 한 것은, 포기하라는 뜻이 아니라 항상 대비하라는 뜻이었다.

13

정신없는 눈,
멍한 눈을 경계하라

얼굴 전체에서 눈의 위치를 살펴보자. 눈이 낮다면 이것은 이마가 넓다는 뜻도 된다. 이는 대체로 안정적이고 좋은 운명이다. 다만 양쪽 눈 사이로 콧등이 너무 높게 올라와 있으면 안 된다. 코는 눈 사이로 약간만 들어서는 것이 좋다. 반대로 코의 위치는 정상적인데 눈이 너무 높게 올라와 있으면 이런 사람은 직업을 잡기가 어렵다. 눈이 아주 높아서 이마가 좁아 보일 정도면 이것은 아주 흉하다. 인생의 활동무대가 좁아진다는 뜻이고, 그만큼 성공의 기회가 적다. 마찬가지로 눈이 낮은데 이마까지 좁다면 흉하다. 세상에 나가 큰 빛을 보지 못한다는 뜻이다. 인생 전체가 우물 안의 개구리가 되는 것이다.

앞서 눈동자를 정신없이 굴리며 두리번거리면 안 좋다고 설명했다. 눈동자의 움직임이 너무 빠르면(투렛 증후군이나 운동 틱처럼 필경 어떤 질병 때문일 것이다) 아주 흉하다. 평생 헛고생할 운명이고 단명하기까지 한다. 그런데 여기에 더해 눈을 지나치게 깜박거리면 이는 인생 자체가 조기에 파탄이 난다. 우선 깜빡거리는 것부터 고치고 나서(쉽게 고칠 수 있다) 다시 두리번거리는 것을 고치면 된다(이것 역시 아주 쉽다). 이 모든 움직임은 눈의 버릇일 뿐 고착된 것이 아니다. 어쨌건 운명에는 나쁘니 빨리 고쳐야 한다.

멍한 눈은 어떨까? 눈에 감정이 실리지 않거나 상황대처를 제대로 못 하는 경우다. 운명에 좋지 않다. 뜻밖의 재난을 당하거나 중병에 걸릴 수 있다. 남과 동업하면 실패하고 직장에서도 중요한 직책에 오르지 못한다. 당연한 일이다. 눈이 멍하다는 것은 정신이 멍청하다는 의미이므로 운명이 좋을 리가 없다. 매사 중도에 포기하고 완결하지 못한다. 이런 사람은 치매도 일찍 찾아온다.

여기서 잠깐 짚고 넘어가자. 내가 왜 계속 흉한 것만 이야기하는지 궁금할 것이다. 이것은 좋은 운을 당기기 전에 먼저 나쁜 운부터 막자는 뜻이다. 나쁜 운이 물러가면 좋은 운만 남지 않겠는가!

━ 평범한 눈이라면
일단 나쁜 운명은 피할 수 있다

눈을 다시 보자. 안구가 쉽게 붉어지는 경우인데 이는 운명이 약해진다는 뜻이 있다. 눈이 자주 붉어지는 사람은 쉽게 포기하기 때문에 좋은 결말을 보지 못한다. 이런 운명은 쉽게 지쳐서 행운까지 도달하지 못한다. 감정이 예민한 편인데 그러한 특성은 예술가가 아니라면 좋을 것이 별로 없다. 감정은 가급적이면 숨기는 것이 좋다. 감정이 너무 고스란히 눈에 나타나는 사람은 경쟁에서 패배하고 좋은 운명을 타고났어도 잃어버릴 수 있다. 감정을 잘 감추는 사람은 그만큼 성공할 확률이 높아진다.

무섭게 보이는 눈은 어떨까? 눈을 일부러 이렇게 만드는 사람은 아주 바보다. 직업이 깡패나 조직폭력배라면 모를까, 보통 사람이 항상 무서운 눈을 하고 있다면 이는 진위뢰(震爲雷)에 해당한다. 이런 사람은 스스로도 놀랄 만한 큰 사건에 휘말리고 이를 차분히 해결하지도 못한다. 진위뢰는 우레가 계속 닥쳐온다는 뜻으로 인생에 평화가 깨진다.

일반인의 눈은 평범해 보이는 것이 가장 좋고, 친절하고 순진하고 유식해 보이는 것이 좋다. 바보들은 눈이 유난스러운 법이다. 평범한 눈을 가졌다면 일단 나쁜 운명은 면할 수 있다. 운명은 나쁘지 않은 것이 최우선이다. 일단 나쁜 것만 피하면 좋은 운은 그다음에 갖추면 된다.

앞서 얘기한 것처럼 평화롭게 지내는 한 운명은 계속 좋아지는 법이다. 나쁜 일이 있을 때라도 자신을 잘 지키면 운명은 반드시 좋아진다. 나의 경우 액운을 많이 당했는데 이럴 때마다 평정을 지킴으로써 액운에서 벗어날 수 있었다. 신선의 도(道)라는 것도 마음의 안정이 우선이다. 이로써 몸의 건강도 증진되고, 운명 역시 건강해진다.

눈의 모양이 나쁘면 밝은 안경으로 보완하자

시선의 방향을 보자. 앞서 세상을 내려다보는 것을 다루었는데 위로 치켜보는 것은 어떨까? 이것도 나쁘다. 위쪽을 보려면 고개를 들고 봐야 한다. 고개를 일부러 숙이고 올려다보는 것은 도둑놈이나 사기꾼의 태도다. 자주 이러는 사람은 필경 사기꾼이니 조심해야 한다. 그런 사람은 스스로 비참한 운명을 맞을 것이다.

기분 나쁜 눈이 있다. 눈에 뭔가 불만과 분노가 가득하다. 오랫동안 눈을 이렇게 뜨면 하늘이 그 사람을 외면한다. 반면 모든 것을 수용하는 듯한 눈, 즉 긍정적이고 온화한 눈을 가진 사람은 반드시 하늘이 도와서 머지않아 행운이 도래할 것이다.

양쪽 눈의 크기나 위치가 달라 보이는 경우가 있는데 이것은 어떨까? 좋지 않다. 한쪽 눈이 유난히 아래로 쳐졌거나 너무 작다면 가급적 고치는 게 좋다. 그쪽으로 계속 신경을 쓰면 자연스럽게 교정되는 경우도 있다. 대개 사람은 위치상 높은 쪽의 눈을 더 많이 사용하게 마련이어서 서둘러 고치지 않으면 상황이 점점 더 나빠진다.

안경은 세상을 잘 보기 위해 쓴다. 그렇다면 안경이 운명에도 어떤 영향을 미칠까? 사실 별 영향은 없다. 오히려 안경을 잘 쓰면 얼굴의 약점을 보강할 수 있다. 시력이 나쁘면 당연히 안경을 써야겠지만, 눈의 모양이 좀 나쁘면 안경으로 보완하는 것도 좋은 방법이다. 그러니 안경을 쓰는 것이 더 좋다고 본다.

요즘 안경은 참으로 다양해져서 품위 있고 아름다운 디자인이 많다. 적절한 것을 잘 고르면 운명에도 이익을 얻을 수 있다. 어떤 안경이 좋을까? 안경은 우선 부드러운 느낌을 주는 것이 좋다. 색깔도 밝은 것이어야 한다. 눈의 청명함을 가려서는 안 되기 때문이다. 눈은 '양중양'이므로 항상 밖을 향해야 한다. 그래서 눈을 가릴 만큼 지나치게 두툼한 검은색 뿔테 안경은 안 좋다. 금색이든 은색이든 밝아야 좋다. 투박하고 무거운 안경은 눈을 가리기 때문에 정신의 활동을 억누른다. 주역의 괘상으로 지화명이(地火明夷)라고 하는데 세상에 보란 듯이 행동하지 못하고 항상 그늘진 인생을 산다.

반면 안경이 아름답고 얼굴의 생김새와 조화롭게 어울리면 이는 자체로 이미 행운을 만든 것과 같다. 이는 풍화가인(風火家人)이라는 괘상으로 운명이 뻗어 나아간다는 뜻이다. 풍화가인은 불길을 상징하는데 운명이 활활 타올라 좋은 일이 많다는 뜻이다. 이렇듯 안경이나 장신구를 통해서도 운명을 개선할 수 있다. 눈은 내가 무언가를 보는 데도 사용되지만, 남들에게 보이는 것이기도 하다. 그래서 눈과 그 주변을 아름답게 꾸미면 좋은 운명이 도래한다. 눈화장도 제대로 잘하면 운명을 개선하는 효과를 일으킨다. 이른바 꾸며서 좋으면 거기에 좋은 운명도 따르는 법이다.

Part 3.

코 아래에
부와 명예를 담아라

눈이 주로 정신세계를 비춘다면
코는 물질과 정신을 함께 보여주고
코 아랫부분은 자손, 노년 등을 나타낸다.
코는 부동산, 권력, 안정을 만들고
귀는 동산, 사업의 추진력, 발전성을 일으킨다.

14

코를 보면
물질, 자녀, 노년이 보인다

코는 얼굴의 한가운데, 즉 수평과 수직의 중앙에 자리 잡고 있
다. 코의 중심(코끝)에서 수평으로 선을 그으면 귀에 도달하는데 이
것을 기준으로 귀의 높이와 얼굴의 균형 등을 판단한다. 코의 중심
에서 세로 선을 그으면 얼굴의 정중앙을 통과한다. 위로는 미간을
지나 이마를 관통하고 아래로는 인중과 입의 가운데를 지나 턱에
이른다. 이때도 선의 좌우를 살펴 코의 모양, 입의 균형, 인중의 길
이, 턱의 길이와 크기 등을 판단할 수 있다.

코는 얼굴의 중심에 있어서 오행으로 토(土)의 범주에 속한다.
토라는 것은 흙이나 땅을 의미하고, 오행의 중심이어서 무척 중요

하다. 눈이 주로 정신세계를 나타낸다면 코는 물질과 정신을 함께 보여준다. 코 아래에 입이 있기 때문이다. 입은 오행으로 수(水)에 속해서 주로 물질이나 자손, 노년 등을 나타낸다.

코는 길게 위로 올라가서 눈의 좌우를 나누는데, 그 부분의 높낮이를 보고 코의 길이를 판단한다. 눈 사이에 있는 콧등이 조금이라도 올라와 있으면 긴 코라고 말하고, 더 높으면 아주 긴 코라고 말한다. 코는 일단 길어야 좋다. 코가 길면 눈을 안정시키기 때문이다. 코는 길고 클수록 권력, 권리 등이 강화된다.

코가 큰 사람은 운명이 안정적이다. 코의 좌우가 중요한데, 코의 크기는 얼굴 전체에 비해 상대적인 크기를 뜻한다. 우선 코가 오뚝하고 길고 적당히 넓으면 크게 성공할 운명이다. 이는 산지박(山地剝)에 해당하는데 주변을 장악하고 지도자가 된다는 뜻이다. 사장이 되고 두목이 되는 등 거느리는 사람이 많아진다. 다만 코 주변이 다소 검거나 점이 있어 깨끗하지 않으면 아랫사람들의 도전이 심해서 애를 먹는다. 그러나 코 주변이 깨끗하고 티 하나 없이 맑다면 이제 괘상이 달라진다. 이는 산화비(山火賁)로 인생이 실속 있고 아름다운 결말을 맺을 수 있다. 이때 콧등마저 깨끗하고 맑다면 운명은 더욱 좋다. 코에 상처나 점, 흉터 등이 없어야 하고 색깔도 맑아야 한다. 그렇게 되면 이 자체로 얼굴의 많은 약점을 보강할 수 있다. 코는 얼굴의 중앙에 있기 때문에 무엇보다도 잘생겨야 한다. 그래야 전체적인 아름다움도 훨씬 더 상승한다.

━ 코가 잘생긴 사람은 조화와 균형의 달인

콧등이 푹 꺼져 있는 코는 어떨까? 이는 낮은 산을 의미하는데, 천산돈(天山遯)이라고 볼 수 있다. 큰일을 못 하고 명성을 얻기도 어렵다. 위축된 삶을 살게 되고 남에게 업신여김을 받을 수도 있다. 다만 스님처럼 속세를 떠난 경우라면 운명에 별 지장이 없다.

이번에는 코가 총체적으로 작은 경우는 어떨까? 코 자체는 예쁘게 생겼지만 얼굴 전체에 비해 너무 작으면 이 또한 운명이 크게 활성화되지 못한다. 반면 코가 전반적으로 못생겼다는 느낌을 주면 이는 주변의 도전을 많이 받고, 혼돈스러운 상황에 자주 직면한다. 따라서 코가 못생긴 사람은 독불장군처럼 행동하면 안 되고 남의 의견을 많이 청취해야 한다.

대개 코가 못생긴 사람은 독단적이다. 독단적인 사람은 아무리 똑똑해도 결국 무너지는 법이다. 혼자 잘난 사람보다 조화를 잘 이루는 사람이 성공한다. 스스로 균형을 잘 잡는 것은 물론이고, 남들과의 관계에서 더더욱 평화로워야 하는 것이 조화다. 인생에 있어 정의(옳고 그름)보다 중요한 것은 외교다. 관상에 불리한 점이 있어도(코가 찌그러져 있는 등) 외교로 이를 극복할 수 있다. 모든 운명이 그렇다. 자신에게 부족한 점을 깨닫고 반성하면서 주위 사람들과 친하게 지내도록 노력하면 극복된다.

▬ 콧구멍이 크다면
'지키는 습관'을 가져라

콧구멍이 큰 사람은 어떨까? 콧구멍이 눈에 띄게 큰 사람이 있다. 이런 관상은 산풍고(山風蠱)◆로서 아주 흉하다. 옛 속담에 '다 된 밥에 재 뿌린다'는 말이 있는데 산풍고가 바로 그런 뜻이다. 풍수환(風水渙)◆◆의 뜻도 가진다. 재산이 흩어지고 중요한 친구를 잃는다. 댐이 붕괴하듯이 인생 자체가 붕괴되는 경험을 할 수도 있다. 실수하거나 배신을 당해서 완성을 눈앞에 둔 어떤 일에 위험이 닥칠 수도 있다. 이런 관상을 가진 사람은 무슨 일이든 신중하게 접근하는 습관을 길러야 한다. 자기 과신은 금물이다.

콧구멍이 너무 큰 경우라면 너무 많이 가지려 하지 말고 잘 지키는 습관을 길러야 한다. 저축을 하거나 부동산 투자가 유리하다. 풍수환은 사기를 당한다는 뜻도 있으니 동업을 조심하고 부당한 일을 해서는 안 된다. 다만 직장이나 소규모 사업은 오히려 좋다. 콧구멍이 큰 사람은 남의 말을 귀담아듣기 때문이다. 남의 말을 잘 듣는 것은 독단적으로 자기주장을 펴는 것보다 백배 낫다.

콧구멍이 아주 작은 사람은 높은 위치에 오르지 못한다. 그리고 남의 도움을 받지 못하고, 계획했던 일에서 중도에 하차하는 일이 잦을 것이다. 그래서 이런 사람은 단순한 직업, 즉 큰돈을 벌지 못하는 직업을 갖게 될 확률이 높다. 코의 크기는 큰데 그에 비해 콧구멍이 너무 작으면 이런 운명이 더욱 두드러진다.

한편 코끝이 아주 날카로운 사람이 있는데, 자기 사업은 실패가 많지만 남의 사업을 돕는 일을 하면(직장생활 포함) 크게 성공한다. 코끝이 날카롭다는 것은 코 전체의 모습이 큼직한데 끝으로 가면서 급격히 작아지는 모양이다. 코끝이 뾰족하면 좋은 관상이다. 많은 일에서 큰 성취가 있다. 소위 '화살코'라고 해서 코끝이 길고 앞으로 숙여져 콧구멍을 막는 듯하면 이 역시 크게 성공하는 운명이다. 하지만 그것을 유지하는 데는 애를 먹는다. 이런 사람은 기운의 낭비를 막아야 하고 비밀을 잘 유지해야 한다. 자식들과 다툼이 있거나 사소한 일이 커질 수 있으니 아랫사람에게 항상 양보하는 습

관을 길러야 한다. 기운의 낭비는 나쁘지만 지나치게 깍쟁이(구두
쇠)가 되면 적이 많아진다. 또 이런 사람은 작은 집단의 1인자보다
큰 집단의 2인자가 되도록 노력해야 한다.

코가 콧구멍을 완전히 덮고 있는 관상은 일종의 경고와 같다.
하지만 처신만 잘한다면 성공하기 쉽다. 그러나 코 전체가 좌우 어
느 쪽으로든 치우쳐 있다면(반듯하게 수직이 아닌 경우) 미혼은 애인
이 안 생기고 기혼자는 부부싸움이 잦다. 자주 오해를 받고 대인관
계가 점점 좁아진다. 이런 사람은 허무맹랑한 꿈을 꾸며 사는 경향
이 있는데, 그럴수록 이성적이고 합리적으로 생각하려고 노력해야
하고 주위 사람과의 화합에 신경 써야 한다. 특히 이성 관계가 틀어
지기 쉽다.

코가 휘어진 것은 천지부(天地否)인데 이는 음양이 화
합하지 못한다는 뜻으로 사랑에 실패할 가능성이 높다.
그리고 사업을 한다면 약간 부족해 실패하는 일이 잦을 것이다. 포
부가 너무 크면 아무것도 이루지 못할 수 있음을 명심해야 한다. 분
수를 지키고 이룰 수 있는 꿈을 추구해야 한다. 너무 먼 곳을 보지
말고 가까운 곳에 더 신경 쓰라는 말이다. 무엇이든 대충 넘어가지
말고 꼼꼼하게 처리하는 습관을 기르면 운명이 바뀔 수 있다.

━ 헌 칼도
쓰기에 달렸다

코가 위로 뻗어 올라가지 않고 제자리에 똘똘 뭉쳐져 있다면 이는 뇌산소과(雷山小過)다. 이 역시 인생 전체가 위축되고 매사가 시시해진다. 이런 관상이라면 평소 피해망상에 빠지지 않도록 해야 하고, 대범해지도록 노력해야 한다. 운명이란 그것이 실시간으로 나타나는 경우든, 관상에 고착된 경우든 징후이고 성향일 뿐이다. 조심하고 노력하면 극복할 수 있다.

납작하고 넓기만 한 코는 낮은 산에 비유할 수 있다. 이런 코는 경쟁에서 뒤처진다는 뜻이다. 이런 코는 장단점이 함께 존재하기 때문에 매사에 노력을 기울이면 성취도 클 것이다. 장사를 하면 성공하지만 직장생활은 어려울 수 있다. 이런 사람은 고집이 세서 실패하는 경우가 많다. 그러나 고집을 버리고 유연성을 기르면 그만큼 나쁜 운도 사라진다.

콧등에 생긴 상처는 특히 나쁘다. 최근에 코를 다쳤다면 이는 안 좋은 운명을 예고하는 징조로서 믿었던 사람에게 배신당하거나 계약이 깨질 수 있다. 징조는 순간적인 것이지만 이것이 얼굴에 계속 남아 고착된다면 나쁜 운명으로 길게 이어진다. 물론 절대적으로 정해진 운명이란 없다. 모든 것은 크기가 한정되어 있는데 사람이 이것을 모르고 용기만 앞세우면 나쁜 운명에서 빠져나올 수 없다. 운명이란 운영의 묘를 잘 살리면 대책이 많아진다. 헌 칼도 쓰기에 달렸다는 말이다.

관상에 약점이나 아쉬운 부분이 있더라도 실망할 필요가 없다. 그것을 잘 음미하고 조심하면 바뀔 수 있다. 반대로 자신의 관상이 아주 좋다 하더라도 이를 믿고 너무 자신만만하거나 오만해진다면 모처럼 좋은 관상도 무용지물이 된다. 경건함과 조심성이 필수다. 옛 성인이 매사에 '살얼음 위를 걷는 듯, 절벽 위에 선 듯 하라'고 가르친 것은 운명에 대해 오만한 태도를 경계하라는 가르침이다.

15

코는 육감과 집중력,
성공을 돕는다

코가 오똑하고 크면 좋다. 삶의 폭이 넓어서 기회가 많다는 뜻이다. 작은 사업도 꾸준하게 하면 크게 키울 수 있으니 인내심을 가지고 계속 노력하면 된다. 이런 관상은 원래 인내심이 대단하기 때문에 그만큼 유리하다. 사업은 대개 일정한 기간을 잘 견뎌야 꽃피는 법 아닌가? 오래 견딜수록 더 많은 행운을 끌어올 수 있다.

코를 산에 비유하면 면적이 넓은 산도 좋겠지만, 좋은 산은 일단 높아야 한다. 그래야만 기상에 관여하는 바가 깊어진다. 산이 높으면 그 지역을 장악하는 힘이 세지기 때문이다. 물론 넓이(크기)도 어느 정도는 있어야 하겠지만 코는 무엇보다 높이가 우선임을 기억해두자. 잡다한 것 여러 가지보다 한두 가지라도 위대한 면을 갖추는 게 운명에도 유리하다.

그런데 코의 높이와 면적은 상대적인 관점에서 살펴야 한다. 코의 높이가 중요하다고 해도 넓이가 상대적으로 너무 빈약하다면 높은 코의 이익을 논할 수 없다. 얼굴에 있는 생리 기관들은 무엇보다도 균형이 중요하다.

▬ 코 위에 가로로 난 흉터가 가장 나쁘다

코에 있는 점은 어떨까? 얼굴에 있는 점은 대체로 안 좋다고 이야기하면 꼭 이렇게 질문하는 사람들이 있다. "고소영, 한가인, 전지현 씨 같은 아름다운 여자 배우들은 다들 코에 매력점이 있던데요? 코에 점이 있으면 미인 아닌가요?" 아름다움은 관상을 초월하는 개념이다. 그런 세기의 미녀들은 모든 단점을 압도할 만한 아름다움이 있어서 점의 유무가 별로 영향을 미치지 않는다. 코에 점이 있어서 미인인 것은 아니다. 관상에서는 얼굴에 소용없는 것이 존재하면 운명의 소모가 많다고 본다. 소용없는 점을 빼버리면 그것만으로도 운명이 개선된다. 일반인의 경우 점이 대개 나쁘다는 원칙론적인 설명으로 이해하는 것에 좋겠다.

하지만 흉터는 무조건 나쁘다. 코의 흉터는 크기가 클수록 더 나쁜데 이는 천풍구(山風蠱)라는 괘상으로 우연한 사고를 일으킨다는 뜻이다. 사람들과 소통이 잘 안 될 수 있다. 또 혼자 낙오되거나 공든 탑이 무너지는 일을 겪을 수도 있다. 그리고 이 괘상은 하늘의 경고가 내재된 것이라서 공익을 해치거나 위를 향해 분쟁을 일으키면 큰 화를 입는다.

흉터 중에서도 코를 가로로(수평으로) 가로지르는 것이 가장 나쁘다. 이는 앞길에 방해물이 나타나 하던 일이 중단된다는 뜻으로 앞날이 순탄치 않다. 그나마 세로로(수직으로) 난 상처는(아주 크지만 않다면) 크게 나쁘지 않다.

코에 병이 잦은 사람은 근심이 많다. 그러므로 콧병은 신속하게 치료해야 한다. 코를 너무 자주 풀거나 공연히 킁킁거리는 것, 코피를 자주 흘리는 것 역시(그 자체도 병이지만) 운명에 좋지 않다. 그러므로 코 건강은 각별하게 유의해야 한다. 코가 건강하면 운명도 순탄하다고 보면 된다. 여담이지만, 간혹 요즘 젊은이들이 피어싱이라는 금속 장식을 코에 붙이는데 이것은 아주 나쁘다. 운명 자체가 몹시 궁색해진다(특히 여성의 경우는 더욱 불리하다).

코뼈가 높고 위로 많이 뻗어 올라가 있으면 크게 자수성가할 운명으로 죽을 때 남기는 재산이 많다(다만 코뼈가 너무 높지는 않아야 한다). 동산, 부동산에서 모두 성공한다. 직장생활은 실패할 수 있으나, 조기에 퇴직하고 자기만의 길을 찾는 것이 훨씬 유리하다. 그리고 그런 길을 분명 찾을 수 있다.

코 전체가 위로 올라가 있고 길이가 지나치게 짧다면(인중의 공간이 너무 넓어 보이는 경우) 흉하다. 평생 배신을 많이 당하고, 재산을 많이 모아도 공연히 바쁘기만 할 것이다. 이런 사람은 속 다르고 겉 다른 면이 있어서 진실한 우정이나 사랑이 결핍될 가능성이 크다. 인간관계는 어느 정도 서로 속내를 내보이고 항상성을 유지해야 한다. 안과 밖이 다르고 자주 변하면 신뢰가 쌓이지 않는다. 이런 사람은 공감능력이 떨어져 남과 함께 일을 도모하기가 어렵다. 지능은 높은 편이지만 그것이 성공에 쓰이지는 못한다.

코가 널찍한 것은 좋으나 납작한 것은 안 좋다. 바닥에 붙어 있는 느낌을 주면 안 된다. 독립심, 지도력, 창조성이 모두 떨어지며 인생에서 한 번쯤 큰 위기에 처한다. 이런 사람은 파산, 질병, 사건, 사고 등이 잦아서 평생 방황한다. 반면 코가 길고 너무 얇으면(마치 칼날을 세워둔 것처럼 보인다) 이런 사람은 인생의 어느 순간 모든 것이 날아갈 수 있다. 단명하고 외롭다. 동산은 약간 있으나 부동산을 만들기 어렵다. 평생 이사를 자주 다니다 보니 인생의 장기계획은 대체로 실패한다(이사를 많이 다니는 것 자체가 나쁘다는 뜻은 아니다).

코에 힘이 있으면
어떠한 환란도 극복할 수 있다

코가 역삼각형에 가깝다면 어떨까? 이는 아주 흉한 것으로 재난이 많다. 사업은 부도가 나고 직장에서 조기에 쫓겨날 수 있다. 이런 사람은 진득한 성품을 기르고 변덕을 삼가야 한다. 생각이 너무 빠른 것도 나쁘다. 자기 의견이 많아서 열심히 일해도 재산이 쌓이지 않고 세월이 갈수록 손해가 커진다. 말년에는 정말로 생활이 어려워질 수도 있다.

코는 반드시 삼각형이어야 하고 오똑하게 위로 길게 뻗어 올라가야 한다. 힘이 있어 보여야 좋은 코다. 코에 힘이 있으면 어떠한 환란도 극복할 수 있다. 이런 사람은 남에게 신세 지지 않고 스스로 잘 살지만 고독할 수가 있다. 이는 남을 무시하거나 깊은 정을 주지 않기 때문이다. 자신의 운명이 좋아질수록 겸손해야 하고 타인에 대한 세심한 배려가 필요하다. 그러면 인생은 광대한 위업을 이룰 것이다.

코 아래에 수염을 보자. 수염은 그 자체로 위엄을 나타내고 얼굴 전체의 균형을 잡아주기 때문에 당연히 운명에 좋다. 또 콧수염은 코를 받쳐주는 역할로 코의 운명(얼굴의 운명)을 튼튼하게 하고 강화해주는 효과도 있다. 콧수염은 산 아래의 나무와 같아서 무성하면 산, 즉 코의 안정에 기여한다. 정신은 코에 의지하기 때문에 콧수염으로 운명의 약점을 보강해주면 무조건 좋다. 거기다 코 자체가 안정되었다면(큼직하고 깨끗하면) 정신의 발전에 크게 이바지한다. 운명이 두루 좋아질 것이다.

눈이 정신 활동 그 자체라면 코는 그것을 보호해주므로 코 역시 정신의 발전에 관여한다고 볼 수 있다. 따라서 코를 보호하는 수염도 운명에 이롭다. 여성의 경우에는 콧수염 대신 인중 자체가 코를 돕는 역할을 한다. 이 부분은 입의 관상에서 좀 더 자세히 설명하겠다.

여러 번 강조했듯이 코는 큼직하고 깨끗해야 좋다. 코의 색깔이 검붉은 색이거나 딸기코인 경우 코의 양기를 발산하고 소모하기 때문에 얼굴의 기력을 빼앗아간다. 얼굴은 양이고 코는 이것을 지배하는 음이기 때문이다. 코에 무엇인가가 있으면 다 나쁜데 거기에 더해 색깔이 있다면 이는 더욱 나쁘다. 검은색도 물론 좋을 리 없지만 붉은색은 더욱 나쁘다. 붉은색은 양이기 때문이고 코의 안정을 해친다는 뜻이 있다. 코가 불안정하면 얼굴이 불안정하고 따라서 그 위에 있는 눈도 지장을 받는다.

얼굴의 각 요소는 이렇듯 연관성이 있다. 때로는 서로 도와 운을 더 좋게 만들고 또 어떤 때는 좋은 운과 나쁜 운이 서로 영향을 준다. 코의 좌우가 바르지 못하면 나쁜데, 특히 콧구멍의 크기가 현저히 차이가 나면 운명의 불균형을 초래한다. 평생 혼돈이 뒤따른다. 양쪽 콧구멍 위쪽에 볼록볼록하게 굴곡이 있으면 이 또한 나쁘다. 코는 특별히 나쁘지 않고 평범하기만 해도 운을 지켜주는 역할을 한다. 그러므로 코의 사고(흉터) 등을 아주 조심해야 한다.

코는 호흡으로
육감을 보조한다

코의 주된 기능은 호흡이다. 따라서 공기의 소통이 제대로 안 되면 답답한 느낌을 주고, 이것은 운명의 영속성을 방해한다는 뜻이다. 예를 들어 축농증이 있다면 아주 나쁘기 때문에 신속하게 치료해야 한다. 또한 코는 냄새를 맡는 일도 한다. 이는 가까이에서 일어나는 변화의 감지를 담당한다는 뜻이다. 그리고 정신 기능 중의 하나인 육감을 보조한다.

코의 주요 기능 중 호흡은 생명에 직결되는 기능이다. 거의 절대적이라 할 수 있는데, 평소에 숨 쉬는 소리가 지나치게 크게 들리거나 호흡이 가쁜 듯하면 이것 역시 운명에 영향을 미친다. 즉 관상에 포함되는 것이다. 숨소리가 거친 것은 대체로 호흡기 건강에 문제가 있기 때문인데, 간혹 그렇지 않은데도 공연히 숨을 거칠게 쉬는 경우가 있다. 이는 정서가 불안하기 때문인데 당연히 나쁜 운명을 초래한다.

숨소리가 크게 들린다면 마음이 급하고 시야가 좁다는 뜻이다. 자신에게 너무 집착하여 멀리 있는 것을 못 본다. 그렇게 되면 운명의 리듬이 짧아져서 큰 계획을 세울 수가 없다. 장기적인 운명의 이익을 얻지 못하는 것이다. 이것은 다름 아닌 결실을 말하는 것인데 장기적인 운명의 이익을 얻지 못하면 사업의 앞뒤가 끊어지고 무슨 일이든 꾸준하지 못해 성과가 나지 않는다.

거친 호흡 소리는(기관지에 특별한 병이 없는 한) 마음을 평온하게 유지하는 훈련으로 고칠 수 있다. 호흡이 짧아서 성격이 급해지는 경우도 있다. 호흡이 짧으면 숨소리가 거칠고 마음이 조급해진다. 이러한 습관은 운명을 다급하게 만들어 제대로 된 성과를 못 만드는 원인이 된다.

냄새를 잘 못 맡는다면, 이는 사고를 자주 당할 운명으로 집중력을 길러야 한다. 사람이 태만하거나 집중력이 떨어지면 나쁜 운명이 찾아온다. 사고가 잦고 남에 대한 원망도 많다. 원망은 하늘을 배신하는 행위여서 친구가 떠나가고 고독한 운명을 맞는다.

반면 냄새를 지나치게 잘 맡는 사람도 있다. 이 또한 좋지 않다. 후각이 지나치게 예민한 사람은 용기가 없거나 끈기가 없다. 신경도 필요 이상으로 예민하다. 이 모두 운명에는 해롭다. 모든 것이 적당해야 하듯이 냄새를 맡는 능력도 적당해야 한다. 생리적 기능이 너무 민감하면 정신의 안정을 꾀할 수가 없다. 그러면 침착성을 잃고 인생에 실수가 많아진다.

코는 고요해야 한다. 권위와 안정이 있어야 하며 흠집이 없어야 한다. 냄새를 잘 못 맡는 것은 분명 운명에 좋지 않지만, 지나치게 냄새에 민감한 것 역시 자제해야 한다. 코는 음이고 산이다. 호흡은 고요하게 이루어져야 하고 호흡 이외의 사용도 고요해야 한다. 생리적으로 코의 주된 임무는 호흡이지만, 운명적으로는 얼굴 전체를 안정시키는 것이 임무다.

16

잘생긴 귀는 명예를 높이고 행운을 붙잡는다

귀는 굴곡이 심해서 예쁘기가 몹시 힘들다. 코나 뺨처럼 표면이 깨끗하지 않고 뒷모습과 앞모습이 다 보인다. 어쨌든 어려운 모양이어서 '신이 귀를 창조할 때 가장 애를 먹었다'는 우스개 이야기도 있다. 아름다우면서도 좋은 운명을 유도하는 귀의 모양은 어떤 것일까?

귀의 생리적 기능은 듣는 것이다. 이것은 공기를 다룬다. 인간은 음파에 뜻을 실어 말하는데, 음파는 주요한 소통의 도구이기 때문에 특히 중요하다. 공기를 흡입하는 코만큼 귀도 중요하다. 그래서 얼굴을 수평으로 나누었을 때 귀는 코처럼 중앙선상에 있다. 얼굴의 가운데 부분은 천지인 삼재 중에 인(人)에 해당하는데, 귀 역시 그만큼 중요하기 때문에 얼굴 측면의 중앙에 자리 잡은 것이다.

귀의 아래쪽은 뺨인데 입과 귀의 운명작용이 교차한다. 윗뺨(관자놀이)은 눈과 귀의 작용이 교차하는데 위쪽은 정신적 운명을, 아래쪽은 물질적 운명이 나타낸다. 그리고 귀는 앞뒤가 있어서 운명의 징조도 다양한 편이다.

먼저 귀의 크기를 보자. 위에서 아래까지의 길이를 보고 귀가 크거나 작다고 본다. 귓구멍에서 수평선을 그으면 눈을 지나는데 이것이 평균적인 귀의 높이다. 귓바퀴(귀의 맨 위쪽)에서 수평선을 그으면 윗눈썹에 이르는데, 높이에서 큰 차이가 나지 않으면 일단은 무난한 운명이다. 무난하다는 것은 귀 때문에 운명이 나빠질 일은 없다는 뜻이다.

그러나 귀 자체가 아주 작으면 이는 나쁜 관상이다. 단명하고 타인과 다툼이 많다. 가족관계가 몹시 나빠지고 사업에서 크게 실패해 완전히 파산할 수도 있다. 자기주장이 강해서 주변 사람을 곤란하게 만들기 때문에 사람들과 협력이 안 된다. 인간관계가 어려우면 당연히 운명에 손해가 크다.

크기가 적당하다면 모양은 어떤 것이 좋을까? 귀도 계란형이 좋다. 사람은 수직적 존재이고 귀의 모양 역시 대체로 세로로 길다. 인체의 각 기관은 몸 전체와 연동되기 때문에 귀도 세로로 긴 것이

자연스럽고 좋다. 크기는 약간 큰 것이 좋은데 그 모양마저 예쁘면 (계란형) 이는 고귀한 운이 도래하고 평생 궁색하지 않을 운명이다. 귀의 뿌리(귀의 아랫부분, 귓불)는 약간 넓어야 한다. 이곳은 가정운에 해당하는데 너무 빈약하면 인간관계가 나빠진다. 하지만 약간 좁은 정도라면 운명에 나쁜 영향을 미치지 않는다. 이곳은 색깔도 중요해서 하얗고 아름다운 모양이면 재산을 많이 모으고 명예도 높아진다.

▬ 화려한 귀걸이는
세상의 좋은 기운을 머무르게 한다

여기서 잠깐 귀걸이에 대해 얘기해보자. 운명에 큰 영향을 미치는 조건이기 때문이다. 결론적으로 말하면 여성의 경우 귀걸이를 하는 것이 아주 좋다. 그리고 길이가 긴 것이 좋다. 귀에 딱 붙어 있으면 하나 마나이거나 오히려 나쁘다. 귀걸이가 귓불 한가운데 달라붙어 있으면(아래로 내려오지 않고) 이는 귀에 사마귀가 있는 것과 같아서 나쁘다. 정면에서 보이지 않을 정도의 귀걸이는 안 하는 편이 더 낫다. 얼굴의 사마귀처럼 해를 줄 수 있다.

귀걸이의 목적은 얼굴을 더 예뻐 보이게 하는 것이다. 길게 늘어지는 화려하고 큼직한 귀걸이가 제 역할을 할 수 있다. 이러한 귀걸이는 액운을 방지하고 좋은 가정을 이루게 해준다. 비혼자라 해도 주위에 친구가 많고 주변 사람으로부터 사랑받는다.

나는 귀가 아주 훌륭하게 생긴 사람에게도 반드시 귀걸이를 하라고 권한다. 화려한 귀걸이는 주역의 괘상으로 풍화가인(風火家人)이라서 운명이 불길처럼 일어나고 외로움이 사라진다는 뜻이기 때문이다. 신이 인간을 만들 때 귀걸이까지 만들어줄 수 없었기 때문에 인간이 스스로 이것을 만들어 착용했고, 그 결과 천지 대자연의 작용을 도왔다는 이야기도 있다. 공자 역시 귀걸이를 하지는 않았으나 온몸에 장신구를 두르거나 꾸미기 좋아했었다. 세상에 돌아다니는 좋은 기운이 그곳에 머무르기를 바랐기 때문이다.

귀걸이가 아니더라도 훌륭한 물건을 지니는 것은 운명에 도움을 준다. '좋은 구두를 신으면 좋은 곳에 간다'는 속담처럼, 잘 갖추어 입은 옷은 좋은 운이 일어나도록 돕는다. 또 집이 웅장하고 화려하면 거기에 사는 사람의 운명도 그 분위기를 닮아간다. 귀는 지나가는 바람(소리)을 잡기 위해 존재하는 기관이다. 그러한 임무를 맡은 귀에 거는 귀걸이는 자연의 기운, 좋은 기운을 붙잡아주는 장식품이다.

여성들은 귀걸이를 하기 위해 귓불에 구멍을 뚫는 경우가 많다.

혹자는 몸에 영구적인 상처를 남기는 것은 좋지 않다며 귓불의 구멍도 나쁘다고 말한다. 그러나 이는 그렇지 않다. 귀는 소통이 가장 중요한 곳이다. 귀의 구멍은 소통에 해당한다. 이로써 귀가 시원해지고 집중력이 높아진다. 여기에 장식까지 달면 흩어지는 기운이 모이고, 귀의 구멍을 통해 진동이 잘 전달된다. 귓불을 뚫는 것은 그 자체로 운명에 이롭다. 여성이 품위를 높일 수 있는 장신구 중에 최우선적인 것이 귀걸이다. 그래서 먼 옛날에도 귀족 여인들은 귀걸이에 가장 신경을 많이 썼다. 귀걸이는 권위나 품위를 드러내는 수단일 뿐만 아니라 좋은 운명을 유도하는 힘도 있다.

▬ 넉넉한 귓불은
풍족한 운명을 부른다

귓불을 보자. 귀의 전체적인 모양은 계란형인데 귓불(아래쪽)이 지나치게 얇거나 실처럼 길게 늘어진 경우가 있다. 귓불에 힘이 없는 모양인데 이는 산이 무너지는 것처럼 평생 쌓아온 공적이 무너지는 운명을 초래한다. 귀는 아래에서 두툼하게 받쳐주어야 한다(그래서 귀걸이도 꼭 필요하다고 강조했다). 귓불이 너무 가늘면 귀의 기운이 아래로 흘러내린다. 귀가 갖는 여러 장점이 무용지물이 되는 것이다.

이것은 귓바퀴(위쪽)도 마찬가지다. 귓바퀴가 지나치게 얇고 힘이 없으면 밖에서 행운을 이끌어 오지 못하고 제자리에서 붕괴된다. 귀는 위에서 끌어모으고 아래에서 그것을 보호해야 하는 것이어서, 2가지가 다 나쁘면 인생은 파탄지경이 된다. 양쪽 귀 중 한쪽에 심한 손상이 있어도 마찬가지인데, 다만 한쪽 귀라도 괜찮으면 얼마든지 운명을 극복할 수 있다. 운명이란 수많은 방향으로 열려 있으므로 어느 부분의 모양이 나쁘다 하더라도 더욱 노력하고 조심하면 액운을 피해갈 수 있다.

귀가 지나치게 크면 어떨까? 아주 크다면 흉하다. 성취하는 바가 적고 공연히 고생한다. 물론 귀가 크다는 것은 얼굴과 비교했을 때 너무 크다는 것이다. 얼굴은 작은데 귀만 크면 운명에 휘둘려 행복하지 못하다. 귓불이 아예 없는 사람이 있는데, 이런 사람은 재산이 모이지 않고 그날그날 사는 것도 힘들 수 있다. 바람을 잡는다는 것은 행운을 잡는다는 것과 같은 뜻이다. 그래서 귓불이 넉넉하면 운명이 풍부해지는 법이다.

귀는 나약한 모습보다 힘찬 모습이 좋다. 물론 얼굴 전체의 균형을 무너트리지 않는 선에서 적당한 크기에 아름다움과 힘찬 모습까지 갖추면 가장 좋다. 크게 성공하고 매사에 수월하게 살아갈 것이다. 힘이 있어 보이는 귀는 주역의 괘상으로 지풍승(地風升)인

데 상승을 의미한다. 재산이 늘어나고 신분이 계속 상승
하며 앞날의 소망 역시 단계적으로 척척 이루어나간다.

귀의 관상은 얼굴 전체의 운명 중에서 코만큼 중요하다. 좀 더 구체적으로 얘기하면 코는 부동산이나 권력, 안정 등의 운명을 만들고, 귀는 동산, 사업의 추진력, 발전성을 일으킨다. 이는 음양의 작용인데, 코와 귀만 비교했을 때 코는 음이고 귀는 양이다. 음이란 주로 천천히 움직이는 것, 권위, 권력, 부동산 등을 일으키고, 양은 활동성, 명예, 명성, 적재적소의 행운 등을 일으킨다. 그래서 복권에 당첨되는 사람은 대개 귀 관상이 좋다.

▬ 항상 바른 자세를 유지해야
귀도 반듯해진다

귀가 앞뒤에서 잘 보일 정도로 널찍한 사람은 아주 바쁜 운명이다. 실속이 적다는 의미다. 귀는 전후뿐 아니라 측면의 운도 관리해야 하므로 너무 좌우로 넓게(앞에서 너무 잘 보이게) 벌어져 있으면 좋지 않다. 귀가 좌우로 넓게 벌어지면 청력은 좋겠지만, 운명의 좋은 조건을 두루 갖추기는 어렵다. 그래서 귀는 앞에서 볼 때 조금만 보여야 하고(뒤로 약간 젖혀진 모습) 전체가 밝은 색깔이어야 한다.

귀가 약간 젖혀져 있지 않고 일어나 있으면 사업이 깨지고 방황한다. 인생이 실속 없이 소란스럽기만 할 것이다. 반면 귀가 적당히 누워 있으면 편안한 운명이다. 다만 귀가 뒤로 바짝 붙어 있어서 귀 뒤의 공간이 아예 없다면 아주 흉하다. 모든 것이 날아가고, 정착하지 못한다. 고집이 세고 소통이 안 되어 큰 사업을 일으킬 수 없다. 귀가 뒤로 너무 젖혀져 평평하다 못해 까뒤집어진 모습은 패가망신의 운명이다. 평생 피곤하게 살고, 재산은 순식간에 날아간다.

간혹 귀의 윗부분이 앞으로 기울어져 있어 정면에서 보면 마치 머리(귓바퀴)를 숙여 인사하는 것처럼 보이는 경우도 있다. 이런 사람은 강력한 운명을 기대할 수 없고 남과의 경쟁에서 항상 뒤처진다. 다만 이런 귀를 가진 사람은 친구가 많아서 운명의 위기를 잘 극복할 수 있다. 그러나 자기 자신의 힘이 약하다는 것이 흠이다.

귀에 너무 큰 점이나 사마귀가 있다면 어떨까? 이는 즉시 제거해야 할 것이다. 귀가 지저분하면 운명도 지저분해진다. 그런데 '귀에 점이 있으면 똑똑하다'는 속설은 사실일까? 맞는 이야기지만 아름다움을 해치면 안 된다. 즉 너무 튀어나와 앞에서도 보이면 안 좋다는 뜻이다. 똑똑하다는 것은 감추어졌을 때 효과가 크게 발휘되는 법이다.

귀가 지저분한 사람은 세월의 앞뒤가 맞지 않아서 무슨 사업이든 중도에 포기하는 경우가 많다. 양쪽 귀의 높낮이가 다른 사람도 있는데 그런 경우는 인생에 실수가 많아 순탄하지 못하다. 양쪽 귀의 좌우 높낮이에 아주 큰 차이가 있다면 이는 주역의 괘상으로 천지부(天地否)인데 결혼, 연애, 인간관계, 외교 등이 나쁘다는 뜻이다. 반면 귀가 정확하게 수평을 이루고 있다면 운명은 평탄하다.

사람은 대개 양쪽 귀가 수평인 채로 태어나는데, 고개를 기우뚱하거나 몸이 한쪽으로 틀어지면 수평이 무너진다. 원래 고개가 한쪽으로 기울어지는 것은 귀의 영향 때문이다. 이는 귀의 수평이 맞지 않음을 뜻한다. 그러므로 항상 바른 자세를 유지해야 얼굴도 반듯해지고 귀도 반듯해진다. 귀와 얼굴, 몸은 항상 연동되므로 몸이 기울어져 있는 것과 얼굴이 삐뚜름한 것, 귀의 수평이 맞지 않는 것은 모두 같은 뜻이다. 사업은 용두사미가 되고 자본이 적절한 시기에 형성되지 않으며 무엇이든 딱 맞아떨어지지 않는 나쁜 운명이다.

17

어떻게 잘 쓰느냐가
더 중요하다

 귀가 적당한 크기에 깨끗하고 밝은데 높이가 낮다면 어떨까? 귀의 맨 위에서 수평으로 선을 그었을 때 눈보다 낮으면 이는 낮은 귀에 속한다. 낮은 귀는 고독할 운명이다. 그러나 귀의 아래쪽이 적당히 길면 재산은 많이 모을 수 있다. 고집이 세고 단순해서 밖에 나가 권력을 잡지는 못하고 자수성가 외에는 방법이 없다. 그러나 어디서든 참모 노릇을 잘하기 때문에 평생 위태롭지는 않을 것이다. 부모와 일찍 헤어지거나 자식이 없을 운명이다. 건강은 별로 좋지 않으나 수명이 길고 행운이 있다. 다만, 귀의 아래쪽이 깡총하게 올라붙어 있으면 운명의 힘이 몹시 약해져서 인생이 위태롭고 단명한다. 요점은 귀의 아래쪽이 너무 좁고 짧으면 안 좋다는 것이다. 귀의 아래쪽은 수평으로 선을 그었을 때 인중을 통과해야 하며 귀의 위쪽은 눈의 높이보다 너무 낮으면 안 좋다.

▬ 집중력과 공감능력이 시작되는 얼굴의 옆면

귀의 위쪽 공간을 보자. 이른바 관자놀이다. 이곳에 점이 있는 것은 무방하지만(없는 것이 더 좋기는 하다) 큰 점, 상처, 사마귀 등이 있으면 신분이 낮아지고 명예도 없다. 자주 배신당하고 평생 번민이 많다. 직장에서 높은 위치에 올라가지 못하고, 사업을 해도 리더십을 발휘하지 못한다. 다만 평범한 자리라면 나쁘지 않고, 사업도 작은 규모라면 성공할 수 있다.

귀에 난 털은 좋다. 귓속에 털이 많이 났다면 강력한 사람이 된다는 뜻이다. 귀 위쪽이나 뒤쪽에 털이 많으면 급성장하지는 않아도 긴 세월에 걸쳐 꾸준히 성장한다. 나중에는 모든 것이 편안해질 것이다. 그리고 무슨 일이든 망하는 법이 없고 병이 나도 쉽게 회복하며 장수한다.

질병의 문제로 청각이 나쁜 것은 어쩔 수 없지만, 아무 이상이 없는데 청력이 평균보다 떨어져 있다면 안 좋다. 낭비가 심하고 인간관계에서 자주 손해를 본다. 그리고 좋은 운이 와도 길게 유지하지 못하기 때문에 성취가 적다. 노년이 되면 청력이 더 떨어지는데 이와 함께 운명도 하향길로 접어들었다고 봐야 한다. 나이가 들어서도 여전히 청력이 좋으면 이는 운명이 점점 좋아진다는 뜻이고 수명도 길어질 것이다.

귀의 작용 때문에 집중력이 떨어지는 경우도 있다. 집중력에는 눈도 필요하지만 귀가 더 중요하다. 집중력이 낮은 사람은 하늘이 주는 복을 다 챙기지 못한다. 하지만 집중력은 노력하면 얼마든지 높일 수 있고, 그에 따라 운명도 확실히 개선된다. 남의 말을 집중해서 잘 듣는 사람은 그것만으로도 나쁜 운명을 면할 수 있다. 집중력이 높은 것은 주역의 괘상으로 수풍정(水風井)이다. 이는 샘물인데 생산력과 새로움을 의미한다. 이런 사람은 곤경에 처해도 반드시 극복하고 좋은 운명을 창조할 수 있다. 물은 땅의 보배다. 샘물이 나온다는 것은 운명의 작용이 왕성해진다, 새로워진다는 뜻이다. 운명이 샘물과 같다면 결국 성공하지 않겠는가! 결국에는 많은 것을 이루어낼 것이다.

남의 말에 일절 동조하지 않고 공감하지 않는 사람이 있는데 이처럼 공감 능력이 떨어지는 것 또한 귀의 작용 때문이다. 귀는 들은 것을 분명히 확인하고 남의 말을 새겨듣기 위해 존재한다. 대충 흘려 넘기거나 리액션이 전혀 없는 등 아주 비협조적인 사람은 운명적으로도 큰 손해를 끌어안는다. 예로부터 민첩한 사람이 좋은 운명을 차지한다고 했다. 민첩하지 못한 사람은 듣는 태도에 문제가 있는 것이므로 당연히 운명이 나쁜 쪽으로 흐른다. 그리고 이런 사람은 간절한 소망이 있어도 하늘이 도와주지 않는다. 그 자신이 남에게 태만한데 하늘인들 그를 도우려 애쓰겠는가!

타인에게 잘하는 것은 바로 하늘에 잘하는 것이다. 천도교의 가르침에 '사람이 곧 하늘'이라는 말이 있다. 인간에게 지은 죄는 하늘에게 지은 죄와 같고, 인간의 말을 존중하지 않으면 하늘도 그를 존중하지 않는 법이다. 귀는 생김새도 중요하지만 어떻게 잘 쓰느냐가 더 중요하다. '나는 좋은 운명을 타고났으니 남의 말에 귀 기울일 필요 없다'라고 생각하면 좋은 운명도 일시에 날아가버릴 것이다.

━ 코와 귀의 협업이
감각의 수준을 높인다

단순히 소리를 듣는 것 외에 또 다른 귀의 기능이 있다. 소리에 담긴 감정이나 리듬을 파악하는 능력으로 흔히 음악가들이 가지고 있다. 음악가는 대개 훈련으로 그런 기능을 습득한다. 이것은 아주 중요하고 꼭 필요한 기능이다. 모름지기 귀를 잘 사용해 많은 것을 들으려고 애써야 한다. 무술인은 적의 동작을 눈으로 보지 않고도 파악할 수 있는데, 귀의 능력을 고도화시킨 결과다. 흔히 말하는 '낌새' 혹은 '눈치'라는 감각은 코와(냄새는 아니다) 귀의 협업으로 만들어진다. 코와 귀가 협업을 잘하면 정신도 맑아지고 운명도 좋아진다.

관상법 중에도 사람의 말을 듣고 그의 운명을 판단하는 방법이 있는데, 이처럼 귀의 기능을 넓힐수록 삶의 폭도 넓어지는 법이다. 노래는 입과 귀의 협업으로 나온다. 노래를 못하는 사람은 입보다 귀에 문제가 있다. 따라서 노래를 제대로 하면 귀도 발전하고 당연히 운명도 개선된다. 나는 운명을 개선하는 방법으로 노래를 잘하도록 연습하라고 조언한다. 나 역시 그래왔다. 지금도 노래는 엉망이지만 계속 노력하는 것만으로도 운명 개선에 효과가 있었다. 이처럼 귀의 작용은 넓고도 넓다.

귀의 모양이 아무리 좋아도 남의 말을 듣는 태도가 안 좋으면 무용지물이 된다. 남이 말할 때 꼼짝도 하지 않고 무표정하게 듣기만 해서는 안 된다. 귀의 관상이 나빠도 리액션이 풍부하고 상대방의 말에 공감을 잘하면 나쁜 부분을 충분히 보완할 수 있다. 얼굴의 모든 부분은 서로 돕고 대리하는 기능을 가진다. 때문에 나쁜 관상은 겸허히 받아들여야 하고 항상 조심하는 마음을 가져야 한다.

귀의 색깔이 원래 붉거나 쉽게 붉어지는 사람이 있는데 이는 정신의 변화가 심하다는 뜻이다. 이로써 운명도 불안해질 수 있다. 이런 사람은 훈련으로 고칠 수 있으며 평소에 당황하지 않는 습관을 길러야 한다. 귀가 아예 검고 붉어서 하얗게 된 적이 한 번도 없는 사람은 운명의 변화가 너무 심해 장기적인 계획을 이룰 수 없고 직장에서도 오래 있지 못한다. 그리고 급작스러운 사고로 인해 큰 손해를 볼 수도 있다.

귀의 위쪽이 칼처럼 뾰족한 사람이 있는데 이런 사람은 총명하기는 하나 자기 과신이 너무 크면 사업을 완성하지 못한다. 평정심을 기른다면 지적인 인생을 살아갈 것이다. 다만 균형이 맞아야 한다. 뾰족한 귀끝의 위치가 눈보다 많이 높으면 말년의 운세가 나빠진다. 그런 사람은 급박하게 전진하는 버릇을 고쳐야 한다. 원래 귀의 위쪽이 둥글게 생긴 이유는, 정신의 발출이 심해지는 것을 경계하기 위함이다. 귀가 너무 뾰족하면 지나치게 전진하는 경향이 있다. 그리고 이성만 앞세우고 감정을 무시하기 때문에 주위 사람들과 화합이 자주 깨진다. 운명에 좋을 리 없다.

─ 미끈한 뺨이
귀한 신분을 만든다

    귀 전체가 둥그렇게 생긴 사람이 있다. 나팔귀와는 조금 다르다. 나팔귀는 귓구멍은 작고 나머지 부분이 넓게 퍼져나가는 모양인데, 여기서 말하는 둥그런 귀는 거의 원에 가까운 모양을 말한다. 이런 사람은 새로운 운명을 기대할 수 없고 판에 박힌 듯 한번 정해진 운명만 유지된다. 꾸준해서 좋기는 하지만 인생의 폭이 아주 좁아질 수밖에 없다. 나팔귀도 비슷한 운명이기는 하지만 이런 사람은 융통성이 있다. 다만 나팔의 모양이 세로로 길면 안 된다. 넓은 것은 괜찮다. 만일 귀가 동그랗고 작고 아래에 붙어 있으며, 색깔이 붉고 상처까지 있다면 이런 사람은 오래 살 수가 없다. 요행히 단명을 피했다 해도 부를 이룰 수 없어 평생 고생할 것이다.

    쭈그러진 모양의 귀도 있는데 시각적으로도 보기 안 좋지만 운명도 좋을 리 없다. 관상이란 전문가가 아니라도 어느 정도 파악할 수 있다. 예쁘면 일단 좋은 관상이라고 봐도 좋다. 귀가 지나치게 못생긴 사람(쭈그러진 사람)은 남을 원망하지 않고 항상 반성하는 마음으로 살면 운명이 크게 좋아질 수도 있다.

    귀는 얼굴 중앙에 있어 토(土)이지만 바람이라는 뜻도 있다. 그리고 옆에서 봤을 때 귀의 수평 공간(얼굴 측면)이 확실하면 아주 좋은 운명이다. 얼굴의 측면도 세 부분으로 나눌 수 있다. 위쪽은 천(天)이고 아래쪽은 지(地), 가운데는 인(人)이다. 인은 종합을 뜻하므로 이곳은 무조건 좋아야 한다. 넓이도 있어야 하고 상처나 점이 없어야 좋다. 얼굴 전체에 점이 너무 많으면 이는 높은 직위에서 한순간에 내려오고 패가망신할 수 있다. 특히 가운데 부분인 뺨에는 점이 없어야 한다.

얼굴을 옆에서 봤을 때 아랫부분인 뺨이 고우면(상처, 점 등이 없고) 일단은 좋은 운명이라고 봐야 한다. 이곳이 너무 두툼하면 나쁘다는 것은 앞에서 말했다. 이곳은 살집이 약간 적은 것이(깡마른 것과 다르다) 귀한 신분을 의미한다. 퉁퉁하게 살찌지 않고 약간만 마른 것이 좋다는 의미다. 이런 모양의 뺨을 미끈하다고 표현하는데, 난관을 극복하고 당당한 신분이 된다는 의미다. 특히 여성의 경우 이곳이 깨끗하면 사랑에 성공한다.

관상이란 나쁠 때 그것을 미리 알면 오히려 운명에 이득이 되기도 한다. 어느 경우라도 운명에 실망하는 것은 금물이다. 그러나 운명에 대해 오만한 사람은 반드시 재앙을 맞는다. 관상이 좋은 사람은 그럴수록 겸손함을 키우고, 나쁜 사람은 기운을 더 내고 반성하면 된다. 《손자병법》에 '사즉생 생즉사(死卽生 生卽死)'라는 말이 있다. 살고자 하면 죽을 것이요, 죽고자 하면 살 것이라는 뜻이다. 나쁜 상황에서 오히려 좋은 일도 만들 수 있다는 뜻이다.

거부감이 없는 매끈한 모습, 자연스러운 모습이면 일단 좋은 운명이다. 인간이 봤을 때 괴상하다고 느끼면 운명도 나쁜 법이다. 인간의 눈이 하늘의 눈을 대신하기 때문이다. 그리고 미안(美顔)이라는 것은 사람마다 다소 차이는 있지만 그렇게 큰 차이는 아니다.

18

부자들의 공통점,
잘생긴 입과 턱

입에 대해 알아보자. 입은 얼굴의 아래쪽에 있고 천지인 중 지(地)에 해당한다. 오행으로는 수(水)의 성질이다. 턱과 인중, 입술, 입속의 혀, 치아, 목소리, 말투, 뺨의 가장 아래쪽인 볼까지 포함한다. 이곳은 주로 물질에 관여하는데, 목소리의 경우는 좀 특수하다. 목의 길이도 수의 영역이지만, 이것은 운명에 미치는 영향력이 얼굴만큼 크지는 않다. 목소리가 그 역할을 대신한다.

우선 입의 모양을 보자. 입의 좌우 길이를 살펴봤을 때 입이 너무 크거나 작으면 안 좋다. 특히 입의 가로 길이가 코보다 짧으면 재물운이 좋지 않다. 물론 얼굴이 작고, 양 눈 사이도 좁고 코도 작으면 입이 작다고 말하지 않는다. 총체적으로 이목구비가 작으면 운명도 소극적인데, 특히 입이 작으면(유난히 작은 경우) 재물이 잘 쌓이지 않는다. 입술의 길고 짧음은 얼굴 크기에 따라 판단해야 한다. 얼굴이 아주 작은 사람이 입술만 너무 길면 실패와 사고가 잦다.

입은 땅(地)이고 물(水)이어서 입이 작다는 것은 땅과 물의 활동이 미약하다는 뜻이다. 지와 수는 음인데 눈과 대비된다. 눈이 정신이라면 입은 물질이라서 인체의 건강은 주로 하관이 담당한다.

인중이 길면 수명도 길다고 알려져 있는데 정말 그럴까? 그렇다. 인중은 '음에 일어선 양'이기 때문에 그곳에 생명의 기운이 서려 있다. 인중이 힘이 있어 보이면 건강하게 오래 살면서 많은 재산을 남긴다. 반대로 인중이 짧으면 호수가 얕은 것과 같다. 코(얼굴에서 코는 산이다)에 물을 충분히 공급할 수가 없다. 따라서 재물이 마르는 것이다. 인중은 적당한 높낮이와 가로, 세로 길이를 갖추어야 좋다. 짧은 인중을 주역에서는 산풍고(山風蠱)라고 하는데 사람에게 배신당하고 사업이 무너지는 등 재난이 많다. '산이 무너진다', '전진에 방해를 받는다'는 뜻이 있어 사업이 끝까지 가지 못한다.

━ 곳간을 너무 꽉 잠그지도,
　　 물색없이 열어놓지도 말라

　　입의 모양을 살펴보자. 윗입술은 아랫입술보다 얇아야 한다. 윗입술이 너무 두터우면 장애물이 쌓여가고 재정이 메마른다. 그렇다고 아랫입술이 심하게 두터우면 평생 신뢰받지 못하고 가족과 헤어지며 직업을 구할 수가 없다. 거처도 불안해진다. 아랫입술이 지나치게 두텁고 아래로 까져서 입술 안쪽이 보이면 이는 더욱 나쁘다. 긴 세월 방황할 것이고 오갈 데가 없다. 주위 사람한테 도움을 받지 못하고 초년부터 건강이 아주 나빠질 수 있다. 이혼도 할 수 있고, 친구도 없어 외롭게 지낸다.

　　윗입술에 흉터가 있거나 점, 사마귀 등이 있으면 복이 붙지 않는다. 직장에서 진급도 잘 안 되고 도중에 물러나게 된다. 그런데 관상의 어떤 부분이 심각하게 나쁘다면 보강책을 찾으면 된다. 그러니 지레 겁먹거나 낙담할 필요가 없다. 지금은 형상 자체가 갖는 뜻을 공부하는 것뿐이다. 관상을 공부하는 이유는 운명의 원인(징후)을 미리 파악해 방비하기 위함이다. 우선은 얼굴에 나타난 길흉화복을 알아두고 조심하면 된다. 관상을 얘기하다 보면 나쁜 것도 말하게 된다. 당사자는 실망할 수도 있지만 운명이란 미리 짐작하면 얼마든지 피해갈 수 있다. '나는 운명이 나쁘니까 더 조심하고 더 노력해야지' 하고 생각한다면 바로 거기에서부터 개운이 시작된다.

입술이 한쪽으로 기울어져 있다면 어떨까? 당연히 나쁘다. 영혼의 기력이 빠져나가 큰 운명을 기대할 수 없다. 입술이 너무 두껍지 않고 인중도 길면서 입 주변이 깨끗하면(상처나 점, 사마귀 등이 없고) 큰돈을 버는 운명이다. 재벌 총수들의 얼굴을 살펴보라. 입 주변이 아주 잘생겼다.

입은 적당히 닫혀 있어야 한다. 이를 너무 꽉 물고 있으면 안 된다. 입이 자연스럽지 못하고 꾸며낸 듯하면 감옥에 간다거나 남과의 경쟁에서 지고 사고가 자주 일어난다. 남에게 속아 사기를 당하기도 하고, 반대로 사기범죄를 저지르기도 한다.

그렇다고 입이 늘 벌어져 있으면 안 된다. 이 또한 기운이 새어나간다. 입은 너무 꽉 다무는 것도 안 좋고, 헤 하고 벌리고 있는 것도 안 좋다. 입은 재물을 담당하므로 인생에서 아주 중요하다. 곳간을 너무 꽉 잠그지도 말고 그렇다고 물색없이 열어놓지도 말아야 한다.

그렇다면 말이 많은 사람은 어떨까? 이것은 가장 나쁘다. 당장 고쳐야 한다. 정신이 흐려지고(운명에 먹구름이 낀 것과 같다) 재물의 손해가 많아진다. 주역의 괘상으로는 풍천소축(風天小畜)인데 모이는 것이 적다는 뜻이다. 그래서 '소축'이다. 인생은 대축(大畜)이어야 한다. 입이 무거우면 '대축'이 되므로 말을 적게 할수록 이익이 많은 법이다. 평생 말이 많은 사람은 경제적으로 심각하게 어려워질 수도 있다.

━ 턱은 운명의 성과가
   쌓이는 곳

턱을 보자. 턱은 우레여서 인생을 발전으로 이끄는 원동력을 의미한다. 턱은 얼굴 전체를 받쳐주는 기능이 있으므로 약간 크고 넓고 힘이 있어 보여야 한다. 수염도 있으면 더욱 좋다(꼭 수염을 기르라는 뜻은 아니다). 아래턱은 움직이는 부위이기 때문에 우레라고 하는데, 이것은 코(산) 아래에서 움직이며 꾸준히 발전한다는 뜻이다. 턱이 앞으로 너무 나오거나 반대로 푹 꺼져서 약하면 하는 일에 성과가 적다는 뜻이다.

운명이란 차곡차곡 쌓이다가 큰 기회가 오는 법인데, 쌓이지 않으면 운은 지연된다. 앞서 설명했듯이 좋은 운명을 기다리는 사람은 작은 성과라도 꾸준히 일으켜야 한다. 이러한 성과를 이루는 데 턱의 관상이 큰 역할을 하는 것이다.

양쪽 턱관절이 있는 아래 뺨을 보자. 앞서 말했듯이 이곳은 너무 통통하게 살쪄 있으면 좋지 않다. 평평하거나 약간 마른 느낌이 좋다. 볼이 지나치게 튀어나와 있으면 일을 해도 대가가 돌아오지 않는다. 많은 일을 하고 살아도 수입은 적을 것이다. 턱이나 인중 근처도 살이 너무 찌면 안 좋다. 턱의 경우 강력한 느낌인 것이 좋지만, 이는 살을 찌우라는 뜻이 아니다.

광대뼈는 조금 나와 있는 것은 좋지만 심하게 돌출한 경우 인생에 변화가 너무 많다. 안정되지 않으므로 수입 역시 많지 않다. 볼에 점이나 상처가 있으면 운명이 순탄하지 않고 가시밭길이 된다. 고생이 많은 것이다.

턱이나 인중의 상처 역시 그런데, 특히 수직으로 난 상처는 더욱 나쁘다. 재산이 일시에 날아가는 경우도 있을 것이다. 이는 주역의 괘상으로 천수송(天水訟)인데, 부당한 일에 말려들어 감옥에 가거나 경쟁에서 낙오된다는 뜻이다. 천수송이란 문자 그대로 소송을 상징하는 괘상이다. 턱, 인중, 볼은 색깔이 맑고 굴곡이 없어야 좋다(살이 쪄 있으면 안 된다). 이곳이 깨끗하면 평생 재물 걱정이 없어진다. 그리고 건강도 잘 유지될 것이다.

19

말하는 방식만 고쳐도
나쁜 운의 90%는 바뀐다

입안에는 치아와 혀가 있고 공간이 있다. 혀는 너무 길거나 짧으면 안 좋다. 이는 활동력이 약해지고 사업가는 일감이 줄어든다는 뜻이다. 재산도 많이 형성하지 못해 부자가 될 수 없다. 혀가 입밖으로 항상 나와 있는 것은 최악인데, 소위 '거지 운명'으로 남에게 멸시받으며 외롭게 산다.

혀는 내밀지 말아야 하고, 입을 다물어 바깥에서 입속이 보이지 않게 해야 한다. 입속이 자주 드러나 보이면(입을 지나치게 크게 벌리거나 과하게 많이 웃는 등) 신분이 추락한다. 돈이 많든 적든 남에게 존경받지 못하고 이성에게 배신당한다.

입속은 안방과 같아서 노출될수록 해가 많다. 간혹 입 안쪽의 볼이 살이 찌는 경우가 있는데, 이것 역시 나쁘다. 재물이 쌓이지 않고 헛고생하며 주위 사람들과 자주 싸운다(그러는 와중에 다치기도 한다). 입속은 넓고 편안해야 한다.

― 목소리가 깊은 사람은 인생에 성취가 많다

입속으로 더 들어가면 목구멍이 나오는데 이곳에서 말이 나온다. 이는 더 깊은 곳까지 이어진다. 여기서 목소리에 대해 얘기해보자. 목소리는 기관지와 폐 등에서 나온다. 목소리가 깊은 사람은 아랫배에서부터, 더 깊은 사람은 신장에서부터 소리가 나오는 것이다. 목소리는 깊이 있고 진중한 느낌을 주어야 좋다. 아주 깊은 목소리는 영혼에서 발출되어 나오는 듯하다. **목소리가 깊으면 인생에 성취하는 바가 많고 삶이 편안하며, 많은 사람으로부터 사랑받는다. 명성과 명예를 얻고 평생 맑은 정신, 바른 정신을 유지해 훌륭한 인생을 산다.**

사람의 목소리는 무척 중요하다. 정신이 실려 있기 때문이다. 눈동자에도 마음이 담기지만, 목소리는 더욱 심화된 영혼이 담긴다. 그래서 사람은 목소리만 들어도 그의 깊이를 알 수 있으며(깊이를 안다는 것이 정신의 노출을 뜻하는 것은 아니다) 신비와 권위 등을 느낄 수 있다. 이 모든 것은 운명에 유리하게 작용한다.

운명이 나쁜 경우라도 목소리 관상이 좋으면(깊고 진중한 목소리) 그것만으로도 인생에 파탄은 일어나지 않을 것이다. 목소리는 운명을 지키는 데 가장 중요한 요소다. 그 사람의 됨됨이는 최우선적으로 목소리에 반영된다.

나는 누군가와 마주 앉아 대화를 하면 그의 목소리에 먼저 주목한다. 몇 분만 이야기해보면 그의 인격과 운명 등을 쉽게 알 수 있다. 목소리로 그의 영혼을 느끼기 때문에 가능한데, 이런 능력은 일반인도 누구나 조금만 집중하면 가능하다. 상대방의 말을 집중해서 깊게 듣는 연습을 하다 보면 그의 됨됨이, 진실성, 대화 내용의 수준 등을 정밀하게 이해할 수 있다.

사업 때문에 누군가를 만났다면, 사업의 내용도 중요하겠지만 그 사람 자체를 아는 것이 더 중요하다. 사람이 깊이가 없으면 실패가 잦고 남을 배신하기도 한다. 특히 사업 파트너를 정할 때는 이 점을 최우선으로 점검해야 한다. 사람의 말에는 깊이와 넓이가 있는데, 당연히 깊은 것이 좋다. 그리고 약간의 감정을 느낄 수 있어야 한다. 어떤 사람과 대화를 했는데 그와 감정의 동화가 전혀 일어나지 않는다면(그의 마음이 딴 데 있는 것처럼 느껴진다면) 깊게 거래해 서는 안 된다. 그는 반드시 손해를 끼칠 것이다.

여러분도 누군가와 대화할 때는 진지하고 친절하게, 그리고 경 건하게 임해야 한다. 그렇게 하는 것이 운명도 좋게 만든다. 대화를 나누는 상대를 건성으로 대하거나 집중력이 없어 형식적으로 대답 한다면 당연히 신뢰를 얻지 못한다. 그런 결과가 차곡차곡 쌓이면 운명이 나빠지는 것이다.

대화가 편안하지 못한 사람을 경계하라

말의 넓이란 무엇일까? 이것은 그 사람의 과거를 보여준다(과거 는 미래의 거울이다). 과거를 보면 그 사람의 경험이나 연륜, 지식, 지 혜 등을 알 수 있고 고생을 많이 했는지, 현재 돈이 많은지도 알 수 있다. 감정, 정서, 취향, 대인관계, 포부, 관심 등도 마찬가지다. 과 거는 눈에도 나타나지만, 특히 목소리(말의 내용을 포함해서)에 더 많 이 담겨 있다.

또 눈이 이성이라면 목소리는 감성이다. 그리고 미래의 운명은 이성보다 감성에 더 많이 나타나는 법이다. 일단 음성이 풍부하고 듣기 좋다면 그 사람의 운명은 좋다고 보면 된다. 새된 소리에 깽깽대는 음성을 가졌다면 그 사람은 과거도 나빴겠지만 그 연장선에 있는 미래도 나빠질 수밖에 없다. 말하는 방법에는 많은 것이 포함되어 있으므로 상대방의 말을 들어보면 전문가가 아니어도 운명을 감정할 수 있다.

대화가 편안하게 이루어지는 사람은 일단 귀인이고, 말의 넓이와 깊이에서 미래를 짐작해볼 수 있다. 대화를 나눌 때 왠지 호감이 가지 않고 그의 말에 공감되지 않으면 그 사람은 틀림없이 별로 훌륭한 인간이 아닐 것이다. 그렇다면 운명 역시 좋아질 리가 있겠는가! 혹여 현재 재산이나 명성 등 가진 것이 많다 해도 대화에서 단점이 많이 보이면 미래에 반드시 재난을 만나게 된다.

목소리가 좋으면 운명도 좋다. 성공한 사람의 목소리는 듣는 사람도 기분이 좋아지게 만든다. 목소리에 오만함이 깃든 사람은 현재 갖춘 것이 있어도 조만간 가정이 불행해지거나 대인관계가 나빠지고, 사소한 불운이 닥쳐도 그것을 헤쳐나갈 힘이 없다. 쌓아놓은 재산이나 직위도 위태로워진다. 목소리는 남에게 도움을 주어야 한다. 말로 공연히 불쾌감을 주는 사람은 세상에 도움이 안 되니 하늘도 싫어한다. 말을 함부로 하는 사람은 하늘에 오만한 사람이다.

앞서 말이 많은 사람이 운명도 나쁘다고 강조했다. 쉼 없이 계속 말하는 사람은, 보이지 않는 가운데 나쁜 운명이 엄습해오는 중이다. 사용하는 단어도 굉장히 중요하다. 가급적 아름답고 기품 있고 지적인 단어를 사용해야 한다. 이것은 장차 그 사람의 신분 혹은 귀천을 가늠하는 척도가 된다. 또 말에는 고저장단의 리듬이 있어야 한다. 음악적인 느낌이라면 더욱 좋다. 감정 없이 무덤덤한 말투로 로봇처럼 말한다면 그 역시 단명하고 큰 사업에서 성공하지 못한다. 권력을 잡는 데 실패하고 사랑을 쟁취하지도 못한다.

가장 좋은 목소리를 내고 말에 지성과 정성을 담아라

목소리는 아름답고 절도 있어야 하며, 말할 때는 단어를 신중하게 선택하고 발성에 정성을 담아야 한다. 이 모든 것을 갖추었다면 반드시 성공할 것이다. 그래서 아름다운 목소리는 훈련을 통해 점차 발전시킬 수 있다. 자신이 낼 수 있는 가장 좋은 목소리를 내고, 품위 있는 언어를 사용하려 노력한다면 그 자체로 운명이 개선된다. 현재 좋은 운명 속에서 무탈하게 지내는 사람도 이런 부분에 신경 쓰며 더 좋아지기 위해 끊임없이 노력한다. 당연히 그런 사람에게는 더 좋은 운명이 더 빨리 찾아온다.

말할 때의 태도도 중요하다. 말하는 도중 끙끙대거나 공연히 남을 똑바로 보는 행위는 아주 이기적인 것으로 운명이 편협해진다. 그리고 혼자 너무 오래 말하면서(상대방에게 말할 기회를 주지 않고) 끊임없이 자기 자랑을 늘어놓거나 남들이 알고 싶어 하지 않는 사실까지 노출하는 것은 메마른 호수와 뜻이 같다. 운명의 힘을 점점 소진하는 행위다.

한편 목소리가 아주 작은 사람이 있다. 선천적인 이유로 그럴 수도 있지만, 고칠 수 있다면 고쳐야 한다. K는 목소리가 아주 작다. 그래서 그가 말할 때는 주위 사람들이 귀를 쫑긋 새우고 바짝 다가가 조용히 그의 말을 들었다. 그렇게 하지 않으면 무슨 말을 하는지 들리지 않기 때문이다. K는 마치 병이 들어 기력이 없는 노인과 같다. 게다가 아주 흉한 짓도 하고 있었다. 사람들이 귀를 기울여 듣고 있는 것을 보고는 목소리를 일부러 더 작게 내는 게 아닌가! 못돼먹은 짓거리다. 이런 못된 마음은 결국 K에게 불행으로 돌아오고, 이것이 습관이라면 운명의 피해는 막심할 것이다. 타인을 편안하게 해주기 위해 내가 베푸는 배려나 친절은, 하늘이 나를 편안하게 해줄 징후가 되어 돌아온다. 마치 거울에 비친 것처럼 말이다.

목소리는 상대방이 잘 들을 수 있도록 또렷하게 내야 한다. 너무 작으면(게다가 일부러 작게 내면) 이는 굴러오는 복을 차버리는 행위이다. **좋은 소통은 말을 정성스럽게 하는 데서 시작한다. 그리고 만**

물은 소통하지 않으면 홀로 발전할 수 없다. 운명이란 사람과 소통하고, 하늘과 소통하고, 자기 자신과 잘 소통할 때 좋은 방향으로 개발된다.

반대로 목소리가 필요 이상으로 너무 큰 사람도 있다. 이것 역시 나쁜 습관인데, 상대방은 입을 다물고 자기 말에만 집중하라는 뜻이다. 이런 사람은 평생 고독해지고 치매도 일찍 찾아온다. 목소리는 너무 작아도 문제지만 너무 커도 안 된다. 목소리를 일부러 너무 크게 내는 사람은 이기적이기 때문에 운명도 가난해진다. 이루는 것이 적고, 쩨쩨하게 살아간다는 뜻이다. 자기 분수도 모르는 사람, 그저 별 볼 일 없는 사람이라는 의미다.

어떤 사람은 감정을 지나치게 많이 실어서 말한다. 심지어 말하는 도중에 자기 말에 감동해서 울먹인다. 이런 경박한 태도는 미래를 포기하는 행위다. 사람의 삶은 아주 다양하지만 어떤 것에 대해서도 지나친 집착은 금물이다. 적당히 음미하며(필사적으로 들여다보지 말고) 지내야 한다. 과거에만 너무 신경 쓰면 미래는 오지 않는 법이다. 과거를 빨리 잊고 미래를 찾아 나서야 한다. 말이란 꼭 필요하고 급할 때 하는 것이다. 그 외에는 침묵이 가장 좋다. 주위에 지나치게 말이 많고, 목소리가 필요 이상으로 크며, 자기 이야기만 늘어놓는 사람을 생각해보라. 그에게 어떤 미래가 올지 짐작이 될 것이다.

말이 신중하지 못한 사람은
마음도 신중하지 못하다

한자 '말씀 언(言)'의 파자(破字) 풀이를 보면 무거운 물건을 올려 입(口)을 덮어둔 모습이다. 불필요한 말은 하지 말라는 의미가 아닐까. 말을 안 하면 오히려 많은 것을 말한 것이 되고, 말을 하면 고작 그것만 얘기한 것이 된다. 먼 옛날 인류의 진화 초기에 남자는 아예 말을 못 했다고 한다(당시 말은 여성의 전유물이었을까). 어쨌든 남성이든 여성이든 입이 무거워야 한다. 말을 많이 하면 속마음이 드러나 신비감이 사라지고 아름다움을 해친다. 말이 많으면 운명의 기력을 낭비하게 되어 정작 중요한 순간에 운명이 힘을 발휘하지 못한다.

말은 참 어렵다. 말이 많은 사람은 '입이 근질거린다'는 표현도 하는데, 이는 마음이 가볍다는 의미일 것이다. 자연스럽지 않을 정도로 말을 꾸며내거나 과장하는 행동은 '그릇이 깨진다'는 뜻이다. 오래 쌓아온 공이 하루아침에 사라질 수 있다. 과장하는 습관은 거짓말보다 나쁘다.

말하면서 공연히 잘난 척하는 사람도 있는데(누가 봐도 알 수 있다) 이런 사람은 운명적으로 신분이 낮아진다. 아마 스스로도 그것을 직감하기 때문에 더더욱 발악하듯 잘난 척을 하는지도 모른다. 정신의학적으로는 열등감 표출의 한 형태다.

반대로 말할 때 자신을 지나치게 낮추는 사람이 있다. 소위 겸손을 꾸며대는 행위인데 잘난 척보다 더 나쁘다. 고차원적이고 지능적인 잘난 척인 셈이다. 그 역시 나쁜 운명이 점점 다가올 것이다. 주역의 괘상으로는 택천쾌(澤天快)로 운명의 처단을 받는다는 뜻이다. 하늘 높이 떠 있는 검은 구름과 같아서 반드시 떨어진다.

말은 항상 삼가야 한다. 말하는 방식만 고쳐도 나쁜 운명의 90%는 개선된다. 절벽에 선 듯, 살얼음 밟듯 살라고 여러 번 이야기했다. 그만큼 매사를 신중히 하라는 뜻이다. 물론 말도 신중해야 한다. 말이 신중하지 못하면 마음도 신중하지 못하다. 공자는 이렇게 말했다. "오랑캐 나라에 가서도 예의를 지키면 안전할 수 있다." 예의가 가장 많이 담겨 있는 것이 말이다. 예의 없는 사람은 하늘을 무시하는 것과 같아서 결코 좋은 운명을 기대할 수 없다.

20

치과에 가는 것은
운명을 고치러 가는 것

이번에는 치아에 대해 알아보자. 치아는 음식을 씹는 데 사용된다. 그런데 주역에서는 또 다른 뜻이 있다. 윗니가 입 밖으로 나타나지 않고 잘 감추어져 있을 때 이를 지산겸(地山謙)이라고 한다. 겸손, 비밀이 잘 지켜진다, 에너지가 비축돼 있다는 뜻이다. 이는 윗니가 밖에서 보이지 않는 경우인데, 만약 윗니가 노출되면(훤히 보이면) 이는 오만한 사람이라는 뜻이다. 이런 사람은 주위에 사람이 따르지 않고 필요 없는 자기 노출이 과해서 신뢰받지 못한다. 그리고 에너지가 모이지 않고 날아간다. 축적한 재산역시 사라지고 높은 지위에 오르지 못하며, 공개적으로 망신당하거나 명예가 유지되지 못한다. 물론 윗니를 잘 감추면 그 반대다.

한편 아랫니가 잘 감추어져 있으면 이는 지뢰복(地雷復)이다. 이것은 새로운 기운이 도래하여 언제나 다시 시작할 수 있고, 운명의 회복력, 지구력, 창조력이 강하다는 뜻이다. 그리고 이런 사람은 세월이 갈수록 성취하는 바가 커서 노년에 큰 힘을 갖는다. 물론 아랫니가 밖에서 훤히 보이면 운명의 이익이 사라질 것이다. 이처럼 치아는 원래 밖으로 노출되어서는 안 된다. 특히 여성의 경우 치아가 노출되면 아름다움이 사라지고 신분이 낮아진다.

치아를 잘 관리하고
입속에 상처가 나지 않도록 주의하라

윗니와 아랫니의 뜻을 좀 더 깊이 알아보자. 옛 성인은 위아래 치아에 대해 산뢰이(山雷頤)라는 이름을 부여했다. 괘상의 모양을 보면 위아래 치아들이 닫혀 있는 모습이다. 맨 아래에 턱이 보인다. 이것은 보이지 않는 곳에서 천천히 활동하여 끊임없이 자란다는 뜻이다. 사람의 몸 역시 턱으로 음식을 씹고 먹음으로써 계속 자라나지 않는가! 운명도 이렇게 전개된다. 그래서 위아래 치아들이 가지런해야 하고 상한 치아가 있어서는 안 된다. 아랫니가 너무 못생기거나 빠져 있으면 이는 산풍고(山風蠱)다. 공든 탑이 무너지고, 배신을 당하며, 갑작스럽게 병이 생겨 좀처럼 회복되지 않는다. 그리고 단명할 수 있다. 그래서 치아가 빠지거나 깨지면 신속하게 치료해야 한다. 치과 치료를 받는다는 것은 운명까지 고치는 일이다.

윗니가 깨지거나 뽑혔다면 수산건(水山蹇)이다. 이런 사람은 평생 방황하며 희망이 없고 미래가 불투명하다. 때문에 윗니가 빠지거나 다쳤다면 긴급상황으로 생각하고 당장 치과에 달려가야 한다. 치아가 가지런하고 깨끗한 사람은 인생이 계속 좋아진다. 치아 교정과 치료는 운명을 바르게 하고 나쁜 운명을 고친다는 의미다.

뿌드득거리며 이를 가는 사람이 있는데 이것은 운명을 망치는 행위다. 일이 점점 꼬이고, 직장에서 조기퇴직을 당할 수 있다. 사업을 한다면 크게 부도가 날 것이다. 이처럼 치아의 뜻은 아주 깊다. 운명과 직결되므로 치아를 항상 건강하게 관리하고 잘 지켜야 한다. 치과에 갈 때는 운명을 고치러 간다고 생각해도 좋을 것이다. 사랑니가 잘못 나 아프다면 오래 방치해서는 안 된다. 통증의 문제가 아니라 운명의 문제이기 때문이다.

입안의 피부조직이 상하는 경우도 종종 있는데(음식을 씹다가 볼을 깨물거나 거칠고 딱딱한 음식에 긁혀 다치는 경우) 이것 역시 운명에 해롭다. 세상에 나아가 활동하는 무대가 축소된다. 입속에 상처가 나지 않도록 항상 주의를 기울여야 한다. 치아가 가지런하고 튼튼해 씹는 것이 원활하다면 참으로 좋은 운명이다. 건강한 치아는 오복 중의 하나라는 속담도 있지 않은가.

그리고 씹을 때 혀를 깨무는 것도 나쁘다. 일부러 그러지는 않겠지만 혀를 자주 다치거나 혓바늘이 돋는 것 역시 나쁘다. 자기관리를 잘하고 있는지 다시 점검해봐야 한다. 혀에 문제가 자주 생기는 사람은 사업에 실패할 수 있다. 예술가라면 크게 성장하지 못하고 정치인은 낙마한다. 기혼자는 부부싸움이 잦고 자녀들도 속을 썩일 것이다. 입속은 보이지 않아도 관리를 잘해야 한다. 이곳에 많은 운명이 숨어 있기 때문이다. 앞에서 누누이 강조한 좋은 목소리 역시 그 시작은 정신이지만, 성대와 혀, 치아의 보조작업으로 완성되는 것임을 잊어서는 안 된다.

21

아름다운 것이
생존경쟁에서 앞서 나간다

헤어스타일에 관한 이야기를 해보자. 아무래도 남성은 여성보다 다양하지 않으니, 주로 여성에 해당하는 내용을 알아볼 것이다. 머리카락은 머리 위쪽을 덮는 생리적 장치다. 결코 장식이 아니다. 용도를 먼저 짚고 넘어가자. 일단 머리를 보호하는 기능이 있다. 어떤 물체에 부딪쳤을 때 머리카락은 머리에 전해지는 충격을 완화한다. 추울 때는 체온을 보존하고, 햇빛이 머리에(두피에) 직접 닿지 않도록 막아준다. 이처럼 중요한 생리 기능을 담당하며 오랜 세월 진화를 거듭해 획득한 형질이다. 동물에게는 머리카락이라고 부를 만한 것이 없다. 인간과 유사한 원숭이에게도 없다.

이처럼 머리카락은 인간만이 가진 중요한 특징 중 하나인데, 머리를 보호하는 것 이외에 다른 기능이 하나 더 있다. 바로 아름다움을 창출하는 것이다. 인간이 아름다움을 갖추는 것 역시 생리 기능 중 하나다. 아름다움은 매우 중요한 개념인데 이것은 운명에도 지대한 영향을 끼친다. 앞서 형상과 운명에 대해 설명한 것처럼, 형상은 운명에 큰 영향을 준다.

둥근 물체와 뾰족한 물체의 운명은 어떻게 다를까? 뾰족한 물체는 그만큼 부서지기 쉽다. 반면 둥근 물체는 생존에 유리하다. 이처럼 형상이란 인간이 그것을 바라지 않아도 운명적인 뜻을 포함한다. 대자연을 보라. 모든 것이 아름답게 진화하고 있지 않은가! 아름다운 것이 유리하기 때문에 만물은 아름다운 쪽으로 진화한다. 자연에 존재하는 모든 형상은 운명을 유도하고 있다.

얼굴의 단점을 보완하는
우레와 바람

머리카락의 운명적 효용을 살펴보자. 얼굴(머리의 앞쪽)은 무엇인가? 주역에서 얼굴은 천이고 양이다. 사람의 몸 중에서 가장 바깥에 드러나 있다. 그 자체로 이미 천양의 기능을 내재했다. 양의 본성은 무엇인가? 양은 외부에 있고 외부로 향한다. 적극적이고 능동적이다. 얼굴이 그러한 작용을 실행한다. 사람을 볼 때 제일 먼저 어디를 보는가? 당연히 그의 얼굴을 먼저 본다.

그렇다면 머리를 보호하고 얼굴을 둘러싼 머리카락에는 무슨 뜻이 있을까? 생리적, 물리적 기능 외에 운명적인 뜻은 무엇일까? 머리카락은 양을 덮는다. 음으로 양을 덮는 것이 머리카락 본연의 기능이다. 그러므로 머리카락(음)이 얼굴(양)을 덮어주어야 좋다. 만약 덮어줄 머리카락(음)이 없으면 양의 기운이 지나치게 발산되어 소모되고 상한다. 여성은 신비감이 사라지고 남성은 권위가 없어진다. 그래서 머리카락이 없으면 귀하게 살지 못하고 권력을 잡기 어렵다. 권력이 있어도 유지하기가 힘들다.

머리카락은 주역에서 2가지 괘상으로 해석한다. 하나는 우레(☳)이고 다른 하나는 바람(☴)이다. 건물의 지붕을 보자. 한옥의 지붕은 아름답고 장엄하다. 이것이 우레다. 이와 달리 기와가 없는 지붕은 바람이다. 주역에서 바람은 자연에 존재하는 공기의 흐름만을 뜻하는 것이 아니다. 매끄럽고 아름다운 것 등이 모두 바람에 해당한다. 그래서 옷도 바람이다. 여성의 모자도 그렇다. 다만 군인의 철모, 법관의 모자, 중장년층이 쓰는 모자 등은 바람이 아니라 우레다. 사물은 그 뜻에 따라 괘상도 달라진다. 가령 옷은 바람이라고 했지만 두툼한 코트는 우레다. 방패로 쓰이기 때문이다. 여성의 옷은 아름다움을 위해 선택했을 때 우레가 아니고 바람이 된다. 머리카락의 기능은 우레와 바람, 2가지 뜻이 있다.

머리카락이 짧으면 그만큼 얼굴의 덮는 기능이 적다. 당연히 음의 기능이 작아진다. 여성의 경우 특히 신비는 권위에 해당하기 때문에 아름다움을 배가시켜준다. 그런 의미에서 머리카락은 신비혹은 권위이므로 가급적 긴 편이 좋다. 너무 짧게 자르는 스타일은 운명적으로 손해. 물론 천편일률적인 절대 법칙은 아니다. 얼굴의 생김새에 따라 아름다움을 더욱 돋보이게 해주는 단발은 다르다. 하지만 나는 대체로 여성들에게 머리카락은 웬만하면 긴 것이 좋다고 조언하는 편이다. 음의 기능을 극대화하기 때문이다. 머리카락이 없으면 얼굴에 있는 운명적 단점이 더욱 두드러질 것이다. 얼굴 둘레를 감싸줌으로써 단점이 충분히 보강될 수 있다. 얼굴에 있는 점이나 흉터 등은 양을 파괴하는 것이므로 머리카락을 통해 가리거나 억제하는 것이다.

━ 권위와 아름다움을 더할수록
운명은 이로워진다

외국인처럼 노란색으로 염색을 한 머리는 어떨까? 노란색은 밝은 색이다. 즉 양인 것이다. 그래서 노란 머리는 얼굴의 양을 보호하지 못한다. 만약 머리가 짧고 거기에 노란색까지 입혔다면 운명적으로는 해가 아주 커진다. 좋은 운명을 유지하기 어렵다는 뜻이다. 천양인 얼굴을 더욱 양으로 만들면 그 기운을 지나치게 발산시킬 것 아닌가! 양은 음으로 잘 덮어주어야 힘을 발휘한다. 온돌방에 이불을 덮어두면 따뜻함이 오래 유지되고, 집 주변에 담이 있으면 집이 보호되는 것처럼 말이다.

음이 덮어줌으로써 양의 힘이 강화되는 것을 주역에서는 지천태(地天泰)라고 한다. 이 괘상은 음양이 서로 도와주고 보존해준다는 뜻이다. 얼굴에 양의 기운이 다 날아가버리면 이는 남녀가 힘을 합칠 수 없다는 뜻이고 연애, 사랑, 가정의 화목이 날아간다. 여성이라면 더더욱 머리를 너무 짧게 자르거나 노란색으로 염색하지 않는 편이 좋다. 억지로 만든 아름다움은 오래가지 못하고, 신비가 없는 아름다움은 금방 싫증이 난다. 현재 짧은 쇼트커트 스타일에 노란색 염색을 한 분들께는 미안하지만, 주역의 섭리로는 뜻이 나쁘다는 것뿐이다.

파마는 어떨까? 이는 아주 좋다. 생머리는 음중앙이기 때문에 굴곡을 통해 머리카락의 음을 보강한다는 뜻이 있다. 그리고 파마를 잘하면 아주 아름답게 보이니 그 자체가 이미 좋은 운명의 징조다. 앞서 여러 번 강조했듯이 꾸며서 예쁜 것도 예쁜 것이고 성형해서 예쁜 것도 예쁜 것이다. 안경, 화장 역시 마찬가지다. 결과적으로 조화롭고 아름다워지면 운명에 좋은 영향을 준다.

머리에 리본을 달거나 머리핀을 하는 것도 좋다. 얼굴을 덮는 음(머리카락)을 강화해주기 때문이다. 음이 강화되는 것은 우레인데 거기에 아름다움까지 가미된다면 바람도 된다. 2가지를 모두 갖출 때 운명이 더욱 좋아질 것은 당연하다. 이것은 괘상으로 풍뢰익(風雷益)인데 이는 하늘이 도와 이익이 생긴다는 뜻이다. 매우 좋은 운명으로 무슨 일이든 시작하면 척척 이루어진다. 특히 새로 개발하는 일에서 큰 성취를 이룬다.

▬ 머리카락은
음으로 양을 보호한다

조금 더 자세히 살펴보자. 머리카락이 귀를 가리는 것은 좋을까, 나쁠까? 어느 쪽이어도 좋지만, 보일 듯 말 듯하면 가장 좋다.

귀는 듣기 위해 존재하는데 이것은 아름다움에도 관여한다. 다만 아름답기가 쉽지 않다. 얼굴(뺨 위쪽)에 옆으로 툭 튀어나온 것이 귀인데 모양이 복잡해서 예쁘기가 힘들다. 만약 귀가 예쁘다면 참으로 좋은 운을 가지게 될 것이다. 귀는 바람이고 아름다움도 바람이다. 그러니 귀가 아름답다면 2가지가 겹쳐진 것으로 만사가 두루 형통하다는 뜻이다. 이에 대해서는 뒤에서 자세히 얘기하겠다.

짧은 머리를 조금 더 살펴보자. 목이 긴 사람이라면 어떨까? 목이 긴 것은 운명적으로 봤을 때 좋은 징후인데, 이때 머리가 짧으면 보기에 어떤가? 긴 장대 위에 달린 것처럼 얼굴이 강조될 것이다. 이는 흉하다. 왜냐하면 얼굴은 양인데 더욱 도드라져 보이기 때문이다. 그래서 목이 긴 사람은 긴 머리가 좋다.

그렇다면 머리카락이 이마를 가리는 것은 좋을까, 나쁠까? 이는 상황에 따라 다르다. 이마가 너무 좁은 사람은 아예 가리는 것이 좋다. 이마가 너무 넓은 것도 좋지 않은데, 이때 앞머리의 길이를 조절해 적당히 가리면 보기 좋아질 것이다. 일단 보기 좋으면 운도 좋다고 보면 된다. 드문 경우지만 여성이 머리카락을 아예 빡빡 밀어버린다면 어떨까? 이것은 무조건 흉하다. 하늘에 대드는 꼴이 되기 때문이다. 머리카락은 하늘 아래 자신을 숙인다는 뜻도 있다. 결과적으로 얼굴과 잘 어울리고 예뻐 보인다면 짧은 머리도 괜찮지만, 그렇지 않은데 쇼트커트를 고집한다면 필경 이익보다는 손해가 많을 것이다.

　여성은 미용실에 자주 가면 그 자체로 운명을 개척한다는 뜻이다. 그래서 공자는 이렇게 말했다. "군자는 사람으로 하여 아름다움을 이루게 한다." 아름다움을 이룬 사람은 복을 받는다. 물론 남성도 마찬가지다. 가급적이면 잘생겨 보이는 헤어스타일을 개발하고 깔끔하게 관리하는 데 신경 써야 한다. 꼭 있어야 할 머리카락을 빡빡 밀어내는 것은 얼굴에 대한 예의가 아니다. 아름다움과 권위는 형상의 운에 있어 가장 기본이다.

22

잘 차려입고
격조 있는 제스처를 장착하라

'형상'이란 겉에 나타난 모습이다. 겉모습은 기능을 정의하기 때문에 미래의 많은 부분을 보여준다. 특히 아름다움은 겉으로 나타난 특징일 뿐이지만 그 효능은 이루 다 말할 수 없을 정도다. 운명이 달려 있다고 해도 과언이 아니다(어쨌거나 예쁘고 잘생긴 개체들은 대체로 사랑받고 호강한다). 칼은 모양이 그렇게 생겼기 때문에 활용 가치가 있다. 금강산도 그 모양이 좋아서 많은 사람에게 사랑받는다. 건물도 외관이 훌륭하면 많은 사람이 다녀가고 저절로 명소가 된다. 광고 효과가 크니 사업에도 유리하다. 비행기 역시 그 모습이 유선형이어서 잘 날 수 있다. 금덩이는 무게도 중요하겠지만,

위대한 세공사가 모양을 아름답게 갖추어 놓으면 금값보다 훨씬 더 비싸진다.

이렇듯 겉모습은 그 의미가 단순하지 않다. 인류가 이룩한 문명에서 주요한 물건은 그 모양이 우선 중요하다. 기계들을 보면 쉽게 알 수 있다. 모든 기계는 겉모습을 보면 기능을 알 수 있다. 이처럼 형상의 중요성은 아무리 강조해도 지나치지 않다. 재료도 중요하고 만드는 과정도 중요하겠지만, 물건의 최종적인 용도는 그 모양에서 결정된다.

책상을 보자. 나무, 쇠, 알루미늄, 플라스틱 등 어떤 재료로 만들어도 결국 책상 모양이면 그것은 책상이다. 사람도 오장육부가 어떻게 생겼든 간에 사람과 사람의 교류는 겉모습으로 이루어진다. 흉악하게 생긴 사람은 비록 마음씨가 좋다 해도 인기가 없을 가능성이 크다. 사회생활을 원만하게 하는 데도 지장이 있을 것이다. 그러한 상황이 오래 지속되면 운명에 영향을 미칠 수밖에 없다. 반대로 어떤 사람이 마음씨는 별로여도 호감형으로 생겼다면 사회생활에 많은 이익을 볼 수 있다. 배우나 모델, 연예인 등도 그렇다. 그래서 겉에 나타난 모습을 판단해 그 장래를 가늠해볼 수 있다. 이것이 바로 관상 아닌가! 관상의 범위를 좀 더 넓히기 위해 이 부분에 대해 좀 더 알아보자.

정장을 입어야
정장 입을 기회가 온다

사물은 겉모습에서 그 기능을 세밀히 살필 수 있다. 가령 옷을 예로 들어보자. 옷을 잘 차려입으면 그에 따르는 효용이 발생한다. 옷 역시 그 사람의 겉모습이기 때문이다. 공작새는 겉모습을 화려하게 꾸민다. 이로써 짝짓기에 유리한 결과를 가져온다. 모든 생물은 자신의 운명을 개척하기 위해 겉모습을 꾸며왔다. 진화의 목표 중 하나는 겉모습이다. 물론 내면의 구조도 중요하지만 겉모습도 그에 못지않다는 말이다. 모든 생물이 이와 같지만 사람은 타고난 외모를 개발할 뿐 아니라 치장까지 한다. 그것이 삶(운명)에 유리하기 때문이다. 옷도 그런 이유 때문에 진화하고, 이것은 당연히 운명에 유리한 결과를 가져온다.

내 지인은 굉장히 멋없게 옷을 입기로 유명했다. 젊은 여성인데 10년 이상 봐왔지만 긴 세월 동안 제대로 된 옷을 입은 것을 한 번도 본 적이 없다. 나름대로 골라 입었겠지만, 안목이 형편없는지 전혀 아름답지 못했다. 그녀의 겉모습(얼굴과 옷)은 그렇게 고정되어 있었다. 옷만 제외하고 미모나 관상 등은 나무랄 데가 없었다. 하지만 옷은 완전히 낙제점이었다. 오랜 세월 그러다 보니 그녀에 대한 나의 인상은 아름답지 못한 여인으로 정해졌다. 남들도 나와 비슷하게 생각했을 것이다. 어쨌건 겉모습에 대한 잘못된 선택 혹은 태만한 습관은 평생 갈 것 같다. 그렇다면 앞으로 그녀의 운은 좋아질까, 안 좋아질까? 당연히 나빠질 것이다. 타고난 장점을 부각하기는커녕 유지조차 못 하니 애석한 일이다(주위에서 섣불리 그런 지적을 할 수 없다는 것 역시 애석하다).

반대로 옷을 아주 잘 입는 중년 남성이 있었다. 나는 그 역시 오랜 세월 동안 봐왔는데, 우리나라에서 옷을 가장 잘 입는 몇 사람 안에 뽑힐 정도였다. 유명 정치인인데 언제나 옷차림이 훌륭했다. 그의 운은 앞으로 좋아질까? 그럴 것이다. 누가 봐도 그는 첫눈에 호감이 간다. 얼굴이 잘생긴 것은 결코 아니지만 잘 차려입은 옷과 어울렸다. 소위 '옷빨'이 잘 받다 보니 마치 원래 미남인 듯한 착각을 일으킬 정도다.

옷 따로, 얼굴 따로인 사람도 종종 보인다. 얼굴도 나쁘지 않고 옷도 괜찮은데 뭔가 조화롭지 않은 것이다. 이런 경우 역시 아쉽지만 운명이 나빠지는 중이다. 특히 정치인처럼 대중에 자주 노출되는 사람은 옷 하나만 잘 골라 입어도 크게 성장할 여지가 있다.

먼 옛날 원시 시대에는 오로지 자연환경에 적응하고 살아남기 위해 옷을 입었다. 그러다 노동에 적합한 옷이 나타났고, 이후 아름다움의 영역에 들어섰다. 옷에 문화적 효용이 생긴 것이다. 이는 곧 운명을 이끌어낸다는 뜻과 같다. 그래서 외교 행사나 사교 모임에서는 옷차림이 중요하다. 옷차림으로 자신을 표현하고 메시지를 드러낼 수 있기 때문이다.

유럽에서는 점잖고 예의 바르며 교양 있는 사람에게 젠틀맨(신사, 紳士)이라는 호칭을 썼다. 한자의 '신(紳)' 역시 '큰 띠 신'으로 예복에 끼우는 큰 띠를 뜻한다. 즉 신사는 옷을 잘 입고 그에 걸맞은 행동을 하는 사람이라는 뜻이다. 어떤 사람들은 거추장스럽다는 이유로 정장을 싫어하고 좀처럼 입지 않는다. 좋다. 그렇다면 정장을 입을 일이 없기를 바라는가? 정장은 자주 입으면 입을 일이 생기는 법이다. 주로 어떤 경우에 정장을 입는가? 좋은 자리에 초대받거나, 공식 석상에 발표하거나, 상을 받는 등 축하받을 일이다.

정장을 아예 입지 않는 사람은 그런 기회가 점점 사라질 수 있다. 정장을 입을 기회가 사라진다는 것은 운명적으로 점잖은 신분에서 멀어진다는 뜻이다. 공자는 이렇게 말했다. "실질(편한 옷)이 문화(정장)를 앞서면 천하고 문화가 실질을 앞서면 약하다. 군자는 실질과 문화를 두루 갖추어야 한다." 정장을 자주 입으면 운명은 점점 그쪽으로 기울 것이다. 헤어스타일도 단정하고 예쁘게 가꾸면 좋다. 편한 대로 아무렇게나 하고 다니면 운명도 그렇게 된다.

━ 사소한 행동습관이
좋은 관상을 망친다

여성의 경우 화장도 그렇다. 화장을 얼굴에 잘 어울리게 하면 성형수술의 효과가 나기도 한다. 꾸며서 예쁘면 결과적으로 예쁜 것이다. 꾸미는 것이 남을 속이는 짓은 아니다. 아무런 치장을 하지 않고 있는 그대로를 보여주는 것이 솔직한 것도 아니다. 내 외모를 잘 꾸미면 그것도 내 운이다. 옷이든, 화장이든, 헤어스타일이든 제대로 갖추면 이는 수택절(水澤節)인데, 운명이 편안하고 매사에 순탄해진다는 뜻이다.

참고로 남성의 화장은 양의 기운을 방해하기 때문에 길게 보면 나쁘다. 하지만 약간의 화장으로 얼굴이 크게 아름다워진다면 남성도 일시적으로 하는 것이 괜찮다고 본다. 양(남성)은 멈춤 없이 나아가야 하는데 화장은 음인 '제자리걸음'을 뜻한다. 반면 여성은 예쁜 제자리걸음이 음을 더욱 보강해 발전을 이끈다.

외모를 꾸미거나 옷을 잘 갖춰 입는 것은 관상의 확장이다. 어떤 사람은 아무리 잘 입고 잘 꾸며도 볼품이 없다. 이런 사람은 그 자체로 이미 관상이 나쁜 것이다. 안경도 잘 맞추어 쓰면 좋은 관상이 되고, 치아도 잘 교정하고 미백도 하면 그것 역시 좋은 관상이다. 내 몸의 주변에 있는 것은 다 중요한 법이다.

그런데 지나치게 치장하는 것은 경계해야 한다. 온몸을 알록달록하게 꾸미거나 지나치게 밝기만 한 것은 마치 그늘 없는 곳에 노출된 물건과 같아진다. 오래 보고 있으면 약간 피곤하다. 밝은 빛을 오래 보면 피곤한 것처럼 무조건 밝다고 해서 아름다운 것은 아니다. 성인들의 스승이었던 강태공의 말처럼 "화려하고 밝은 것은 오래가지 않고 반드시 그 빛이 바랜다." 모름지기 아름다움이란 그윽한 면도 있어야 한다. 이른바 신비감이다.

모든 것을 드러내려고 너무 애쓸 필요 없다. 자연스러움과 균형감, 조화로움이 갖추어져야 한다. 얼굴은 특히 양(陽)이어서 지나치게 노출하면 안 된다. 헤어스타일, 화장, 옷, 가방, 구두 등이 모두 밝고 화려하면 마치 등불이 돌아다니는 것처럼 기운이 쉽게 흩어지고 운명이 한쪽으로 치우치게 된다. 그렇다고 온통 무채색인 작업복을 입고, 배낭에 운동화만 착용하는 것도 바람직하지 않다. **사람은 일하기 위해 사는 것이 아니라 아름다워지기 위해 사는 것이다.**

마지막으로 한 가지만 더 얘기하자. 이번에는 몸의 동작이다. 표정이나 걸음걸이, 앉은 자세, 손발의 움직임 등을 말한다. 사람은 움직이는 존재여서 조각처럼 우두커니 서 있는 경우는 거의 없다. 그래서 움직임도 관상의 영역이다. 외모가 아무리 훌륭해도(옷을 잘 차려입고, 화장도 잘하고, 관상이 좋으며 헤어스타일이 멋지더라도), 자세가 불안하거나 두리번거리면 관상을 나쁘게 만든다. 공연히 웃고, 말을 너무 많이 하거나 말의 내용이 무식해도 마찬가지다. 손을 지나치게 움직이거나, 턱을 너무 내밀거나, 발을 달달 떠는 등, 그 사람의 사소한 행동습관이 좋은 관상의 효용까지 떨어뜨린다.

웃음소리가 너무 크면 재물운이 약해진다. 웃음 역시 적당해야 남에게도 기쁨을 준다. 웃음소리가 너무 크면 남의 기분을 상하게 하고 정작 자신이 살펴야 할 것은 놓친다. 지나친 웃음은 주역의 괘상으로 풍천소축(風天小畜)인데 이는 기운이 소모된다는 뜻이다(의학적으로 지나친 웃음이 뇌를 빨리 늙게 한다는 설도 있다). 무엇보다도 지나친 박장대소는 무례를 범할 우려도 있으니 삼가야 한다. 미소가 아름다운 사람이면 충분하다. 일부러 큰 소리로 웃는 것은 윗사람을 무시하는 행위로, 위에서 내려오는 복을 차버린다는 뜻이 있다. 사소한 행동에도 뜻이 있고, 그 뜻에 따라 운명이 깃든다.

있는 그대로가 훌륭하다면 거기에 더해 자세나 동작마저도 절제미와 우아함을 갖추어야 한다. 이 모든 것이 관상의 확장이다. 가만히 있든 움직이든, 항상 고귀한 모습일 때 훌륭한 관상이라고 볼 수 있다. 좋은 운명을 기다린다면, 현재의 모습을 더욱 발전시키고 아름답게 만드는 노력을 해야 할 것이다.

Part 4.
운명은 바람처럼 오고
전기처럼 통한다

겉으로 드러난 형상과 행동습관, 태도를 잘 살피면
누구나 어느 정도는 미래를 알 수 있다.
다만 정밀하고 단정적인 미래가 아니라,
확률적으로 개연성이 큰 미래를 알 수 있다.
일기예보나 중환자의 기대여명처럼
데이터가 많을수록 정확도가 올라간다.

23

사람은 어떻게
얼굴을 인식하는가?

여러분이 직접 관상을 본다고 하자. 우선 얼굴을 관찰할 것이다. 지인의 얼굴을 떠올려보라. 그들이 눈이 컸는가? 아니면 코가 작았나? 눈썹의 모양은 어땠는가? 눈동자는? 등이 어떻게 생겼는지 기억하는가? 아마도 기억나지 않을 것이다. 지인이나 가족, 친구 10명을 떠올리고 그중에서 얼굴의 내용이 정확히 기억나는 사람의 수를 세어보라. 물론 얼굴 전체의 모양은 떠오를 것이다. 20년 동안 한 번도 만나지 않았더라도 거리에서 만나면 1초 만에 알아볼 수 있다. 그러나 눈·코·입이 어떻게 생겼는지는 10년, 20년 동안 만나왔다 해도 정확하게 알지 못한다.

함께 사는 부부도 배우자의 눈이 큰지, 귀가 큰지, 코는 어떤지, 눈·코·입의 간격은 어떤지 모르고 지낸다. 심지어 자기 자신의 눈·코·입·귀 등의 크기와 위치도 대체로 모른다. 당장 시험해봐도 좋다. 지금 이 글을 읽는 여러분이 거울을 보지 않고 자신의 얼굴에 대해 그려본 다음 거울을 보고 얼마나 비슷하게 그렸는지를 살펴보라. 10명 중 9명은 틀릴 것이다. 사람이란 원래 남의 얼굴이나 자기 얼굴에 대해 세세하게 파악하고 있지 않다. 그저 대충 그 사람을 알아볼 뿐이다.

이 문제에 대해 과학자들이 심도 있게 연구를 했다. 그리고 그것에서 심오한 인식원리를 발견했다. 처음엔 로봇에게 인간을 알아보게 하기 위해 시작한 연구였는데 로봇은 인간을 기억하기 위해 눈·코·입·귀·얼굴형·피부색·수염 유무·점·잡티 등을 정밀하게 기억해둔다. 그러나 로봇은 인간이 한쪽 눈을 감거나, 피부에 무엇을 붙이거나, 헤어스타일을 바꾸거나, 없던 상처가 생기는 등 어떤 변화가 생기면 그 사람을 특정해내지 못했다. 그래서 과학자들은 얼굴의 내용에 대해 각각 점수를 매기고 매칭시켰을 때 점수가 높으면(일정 점수 이상이면) 그 사람을 알아내는 방식을 적용했다. 그러나 인간이 90% 정도 변장하면 로봇은 그 사람을 알아보지 못했다.

하지만 사람이었다면 상대방이 90% 변장을 해도 그 사람이라는 것을 0.1초 만에 알아낸다. 그래서 로봇의 시각 인식을 연구한 초기에 과학자들은 대단히 애를 먹었다. 사람의 얼굴을 알아볼 수 있는 메커니즘을 찾지 못했기 때문이다. 결국 수학적 방법론과 인식 방법론 등을 동원해 겨우 알아낸 것이 바로 동정(同定)이론이다 (동정이란 생물의 분류학상 소속이나 명칭을 바르게 정하는 일이다). 이것은 일본의 핵과학자인 유카와 히데키 박사가 처음으로 밝혀낸 것으로 여기서 그 내용을 상세히 소개할 수는 없지만 관심 있는 독자라면 찾아보길 권한다. 이 이론은 관상 이론에 있어서도 아주 중요하다. 얼굴은 구성요소 각각의 구조도 중요하지만 그것들이 어우러졌을 때의 총화가 더욱 중요하다.

▬ 자기 얼굴도
모르고 사는 사람들

다시 얼굴의 내용을 파악해보자. 사람은 누군가를 볼 때 그 사람이라는 것만 확인하면 얼굴을 구성하는 요소들의 자세한 내용은 관찰하지 못하는 것이 사실이다. 가까운 지인은 물론이고 자기 자신의 모습도 잘 모른다. 사람은 관찰력이 매우 부족하다. 그래서 관상을 공부하다 보면 '사람의 얼굴이 이렇게 생겼구나' 하는 점에 새삼 놀란다.

과학자들은 또 다른 실험을 진행했다. 어느 학교 교실에서 학생들이 한창 수업을 듣고 있었다. 이때 갑자기 괴한이 침입했다. 괴한은 복면을 쓰지 않았고, 크고 무시무시한 칼을 들고 있었다. 아이들은 소리를 지르며 책상 아래로 숨었고 괴한은 교사를 협박하면서 한참 교실에 머물렀다. 그러고는 교실을 빠져나갔다. 연구자들은 얼마 후 학생들에게 괴한의 인상착의를 물었다. 그랬더니 학생들 중 단 1명도 괴한의 특징을 정확히 말하지 못했다. 키가 작은지 큰지도 몰랐고, 안경을 썼는지 안 썼는지도 몰랐다. 심지어 괴한이 1명인지 2명인지도 몰랐으며, 여자인지 남자인지도 몰랐다. 아이들은 그저 괴한이 침입했다는 사실만 인지했다.

물론 아이들이고 너무 놀라서 그랬을 수도 있다. 하지만 그 순간을 조금도 기억하지 못한 것은 인간의 본성 때문이었다. 사람은 사물을 보기는 하지만 세세하게 관찰하지 않는다. 그래서 수십 년 넘게 봐온 친지들의 얼굴 특징도 인식하지 못하는 것이다. 그러다 보니 사람이 사람을 알아볼 때조차 어떻게 그 사람인지를 확신하는지 알 길이 없다. 얼굴의 내용을 관찰하지도 않고 기억하지도 않으니 어쩌면 당연한 일일 것이다.

━ 얼굴 관찰,
어떻게 연습할까?

관상은 일단 얼굴을 세세히 살피는 데서 시작한다. 얼핏 봐서는 모른다. 얼굴을 유심히 관찰해보면 그 사람에게 어떤 특징이 있다는 것을 그제야 알게 된다. 수십 년을 함께 살아온 부부도 마찬가지이고 세상에 둘도 없는 친구도 마찬가지다.

여러분이 사람의 얼굴을 살펴봤다고 하자. 이때 사람의 얼굴이 이러이러하게 생겼다는 것을 처음으로 알게 될 것이다. 관상법을 터득하려면 사람의 얼굴을 관찰하는 방법부터 알아야 한다. 특별한 것이 없다. 눈이 어떻게 생겼는지를 보고, 양눈의 안쪽에서 아래로 선을 그어보고 코의 크기나 입의 크기를 알아본다. 얼굴 전체의 크기에 비해서 입이 작은지 큰지를 본다. 눈이 올라갔는지, 눈썹 모양이 둥근지 등을 차례차례 보는 것뿐이다.

처음에는 그 뜻을 몰라도 된다. 관상에 능통하려면 우선 관찰만 열심히 하면 된다. 그러다 보면 어느새 그 사람의 특징이 보이기 시작하고 기억도 할 수 있을 것이다. 그 사람인지 아닌지는 얼굴을 세세하게 알지 못해도 된다. 하지만 관상법을 익히기 위해서는 관찰하는 훈련부터 시작해야 한다. 꾸준히 관찰하다 보면 사람에 대해 어느 정도 알게 된다. 그 자체로 인생에 무한한 이익을 가져다줄 것이다.

처음엔 그저 보라. 길게 생각할 것도 없다. '이 사람이 이렇게 생겼구나' 정도다. 여러분은 이렇게 해서 몇 사람이나 기억할까? 처음에는 한 사람도 기억하기 어렵다. 그러나 관찰하고 기억하는 훈련을 계속하면 어느덧 많은 사람의 특징을 기억해둘 수 있다. 정보원이나 형사, 심리학자, 도인, 사기꾼 등은 사람의 얼굴을 잘 살필 수 있다. 잘 살필 수 있다면 이제 그것의 뜻을 아는 것이 중요하다. 이 문제를 조금만 짚고 넘어가자. 뜻을 아는 데는 관상에 대한 지식이나 주역의 형상이론 등 많은 것을 알아야 하지만, 우선 사용할 수 있는 방법이 있다.

예를 들어보자. 여기 인생에 성공한 사람이 있다. 그 사람을 보면 어떤 느낌이 드는가? 구체적으로 얼굴형이 어떤가를 살핀다. 그리고 인생에 실패한 사람을 살펴보라. 그에게도 어떤 특징이 있을 것이다. 막연한 느낌이어도 괜찮다. 부자와 가난한 사람을 비교해서 차이점을 찾아보라. 또 부자들의 공통점은 무엇인가? 가난한 사람의 공통점은? 이런 질문을 던지며 관찰하는 것이다. 그 내용이 맞고 틀리고는 상관없다. 그저 여러분의 느낌을 확인해보는 것뿐이다. 이렇게 많은 사람을 살피다 보면 차츰 사람의 큰 특징이 보이기도 한다. 많은 사람을 살펴보면 알게 되는 것 역시 점점 많아질 것이다. 옛사람들은(특히 관상가들은) 수많은 사람을 만나본 경험을 떠올려 특징을 비교해서 관상을 터득했다. 그들은 일부러 사람을 눈여겨보는 훈련을 했고, 오랜 세월이 지나자 운명에 대한 평가를 제법 정밀하게 할 수 있었다. 그리고 지식을 쌓아갔다. 나중에 이들은 자신의 경험을 기록으로 남기고 후에 도사나 학자들은 더 깊은 연구를 가미했다.

━ 단점을 많이 발견할수록 운명은 더 크게 발전한다

여기에서 반드시 알아둘 것은, 평소에 운명을 미리 알기 위해 이런저런 시도를 해보라는 것이다. **무엇보다 먼저 자기 자신의 운명에 관심을 가지고, 가까운 사람의 운명에 대해 연구해보라. 운명이란 관심을 갖는 것 자체만으로도 많은 이익을 얻을 수 있다. 겸손도 배우고 조심성, 경건함, 반성하는 자세를 가질 수 있다.** 또 자신의 지나간 역사를 돌아보며 앞날을 추측할 수도 있다. 운명이란 전문적인 공부도 필요하겠지만 나름대로 관심을 가지다 보면 어느덧 깨달음을 얻기도 한다. 거기에 이론을 접목하면 운명 감정은 더욱더 정교해지고 깊어질 것이다.

나의 경우를 예로 들어보자. 앞서 말했듯이 나는 40년간 계속되는 불운을 겪었다. 조금도 좋았던 시절이 없었고 고난의 연속일 뿐이었다. 나는 이를 돌아보면서 악운의 원인을 생각해보았다. 물론 태어나기도 전에 잠재된 운명도 있겠지만 나는 우선 이번 생에서 발생한 운명의 원인을 알아보고자 했다.

많은 원인을 발견했다. 그저 단점이란 것을 모조리 찾아낸 것뿐이다. 오만, 경솔, 독선 등 단점이 무수히 많았다. 그 모든 것 때문에 운명이 나빠졌다고 단정할 수는 없지만, 단점을 고치면 운명도 나아지리라는 믿음을 가지고 열심히 실천했다. 그리고 나의 얼굴을 남의 얼굴과 비교해 살펴보기도 했다.

자신의 단점을 많이 발견할수록 운명은 더 크게 발전할 수 있다. 아직 고치지 못했어도 좋다. 자신의 단점을 알고 이것을 고쳐야겠다는 생각을 갖는 것만으로도 운명이 바뀌기 시작한다. 이 모든 것을 가능케 하기 위해서는 관찰력을 기르고 보는 연습을 해봐야 한다. 운명이란 "운명이란 것이 있구나!"라는 생각만으로도 좋아진다. 마찬가지로 마음이든 얼굴이든 관찰을 좀 해봐야겠다는 생각만으로 이미 운명이 재창조되기 시작한다. 참고로 내 관상은 썩 좋은 편은 아니었지만 그 특징들을 알게 됨으로써 보완책을 강구할 수 있었다.

24

운명은 복잡한 실타래이자 거대한 모자이크

겉으로 나타나는 얼굴의 특징 그 자체가 운명의 원인은 아니다. 그 징후들이 운명을 직접 만들어낸다는 뜻이 아니라는 말이다. 단지 그 징후들을 통해서 운명을 알 수 있다는 뜻일 뿐이다. 징후는 운명의 단서다. 단서란 정보일 뿐이지 운명의 원인이 아니다. 운명의 원인은 훨씬 전에, 즉 우리가 아직 태어나기도 전에 이미 만들어져 있었다. 이제 나타나는 것뿐이다.

인생 행로는 바로 운명의 현상이다. 지금 우리에게 일어나는 운명의 실제들은 참으로 다양하다. 운명이란 앞으로 일어날 사건들의 여러 묶음이고, 복합적인 선상에서 일어난다. 그런데 여기에 한

가지 의문점이 있다. 운명은 관상을 통해 알 수 있는데 그것이 서로 대치되는 경우에는 어떻게 되는가? 가령 A라는 관상 징후는 좋은 운명을 예고하고, B라는 징후는 나쁜 운명을 예고할 때는 어떤 결과가 나타날 것인가? 서로 더하고 빼는 계산을 한 후 남은 것이 나타날까? 물론 그렇지는 않다. **운명의 징후들은 저마다 각각 개별적으로 전개된다. 나쁜 것은 나쁜 대로, 좋은 것은 좋은 대로 나타난다는 뜻이다. 운명이란 원래 여러 다발로 이루어진 것이고 그것은 각각 나타난다.** 즉 좋은 일도 있고 나쁜 일도 있는 법이다. 운명은 서로 상쇄되지 않는다.

─ 단순한 운명 vs. 다채로운 운명

운명은 아주 다양하고 각각의 원인이 존재한다. 가령 이혼할 운명이면서 동시에 복권에 당첨될 운도 있다면, 그 두 사건의 원인은 서로 다르다. 그러므로 관상 역시 단편적인 것 하나만 보고 인생의 모든 것을 단정해서는 안 된다. 운명의 현장에는 이런 일도 있고 저런 일도 있다. 어떤 사람은 운명이 아주 복잡하고 또 어떤 사람은 단순하다. 어차피 운명의 모습은 모자이크 같은 것이어서 사람마다 그 내용이 다를 수밖에 없다.

그리고 어떤 사람들은 운명이 단순해지기를 바라고, 또 다른 사람들은 인생이 아주 다채로워지기를 바라기도 한다. 일장일단이 있으므로 어느 쪽이 더 좋다고 말할 수는 없으나 이왕이면 운명이 다채로우면 더 좋지 않을까! 그래야 더 재미있을 테니까 말이다. 어느 쪽이든 이왕이면 좋은 운은 많고 나쁜 운은 없기를 바랄 것이다.

나쁜 운명이 전혀 없는 사람도 있을까? 그런 사람은 아무도 없다. 황제로 태어나든, 부자로 태어나든 인생에서 나쁜 일을 완전히 피해갈 수는 없다. 때문에 운명의 징후를 읽었다 하더라도 그것을 다양한 운명 중 하나로 여겨야지 '오직 이것뿐'이라고 보면 안 된다. 나쁜 일이 있으면 좋은 일도 있는 법이다. 어느 경우라도 희망을 놓아서는 안 된다. 또 잠시 나쁜 운이 온다 해도 너무 기죽을 일이 아니다. **인생은 복잡한 실타래이자 커다란 모자이크라고 했다. 극단적인 일은 그리 흔치 않으니 전체적인 그림을 복합적으로 생각해야 한다. 잘 살피고 조심하면 나쁜 운명을 피해갈 수 있다.**

그렇다면 나에게 이런 운명이 주어진 이유는 뭘까? 그 책임은 누구에게 있을까? 운명의 원인을 알아야 그 결과를 미리 대비할 수 있지 않을까? 또 내게 주어진 운명을 누가 그렇게 만들었는가? 주어진 대로 달게 받아야 할 운명도 있지만 어떻게든 피해가야 할 운명도 있다. 지금부터 운명의 원인을 고찰해보자.

내가 물건을 사기 위해 백화점에 갔다. 그런데 마침 이 백화점에 미친놈이 나타났다. 소위 '묻지 마 살인범'이다. 흉기를 무작정 휘두르는 놈인데 나 역시 미처 피하지 못하고 얼굴을 찔렸다. 나는 그로 인해 죽을 뻔했고 병원에서 큰 수술을 받았다. 그리고 얼굴에 흉터가 남아 관상이 나빠졌다. 이는 누구의 책임인가? 그 흉악범 책임일까? 아니다. 그 운명의 책임은 그저 나에게 있다. 의아하겠지만 사실이 그렇다.

다른 예를 하나 더 들어보자. 내가 지하보도를 통해 길을 건너려고 계단을 내려가고 있었다. 그런데 느닷없이 자동차가 따라왔다. 차도에 있던 자동차가 인도로 돌진한 후 지하보도 입구로 내려온 것이다. 미처 못 본 나는 자동차에 치이고 말았다. 이는 누구의 책임인가? 운전자의 책임인가? 아니면 서울시의 책임인가? 둘다 아니다. 내 책임이다. 이해가 잘 안 되겠지만, 내 운명은 내 책임이다.

세상에
그냥 일어나는 일은 없다

운명은 법적인 문제도 아니고 도덕적 문제도 아니다. 결과가 중요하다. 그리고 그것은 본인의 책임이다. 억울하다고? 절대 그렇지 않다. 내 운명은 나 자신 때문에 발생한다. 하나만 더 예를 더 들어보자. 태어나보니 가난한 집안이었다. 누구는 재벌 집안에 태어났는데 나는 이게 뭔가? 이것은 누구의 책임인가? 하느님 책임인가? 부모 책임인가? 대통령 책임인가? 잘 생각해보라. 내 운명은 그저 내 책임인 것이다.

운명은 그럴 만한 이유가 있다. 하느님이나 부처님이 무작위로 주사위를 던져서 나에게 주는 것이 아니라는 뜻이다. 내가 가난한 집에서 태어난 것도 그럴 만한 이유가 있고, 전적으로 나에게 그 원인이 있을 뿐이다. 운명은 얼핏 생각하기에는 별 이유가 없는 것처럼 보이지만 절대 그렇지 않다.

우주 대자연에 이유 없이 발생하는 사건은 일절 없다. 세상은 공평하다. 내가 육교 위를 걷다가 자동차에 치여도 그 기묘한 운명은 애초에 나 자신 때문에 벌어진 일이다. 세상의 일은 넓게 보면 다 이유가 있다. 특히 운명이란 것은 더욱 그렇다. 운명은 그 사람의 일생을 좌우하는 것인데, 아무 이유 없이 고스란히 당해야 한다면 이는 공평하지도, 공정하지도 않다. 하늘이 건재하는 한 온 우주에 부당한 것은 없다.

운명의 책임이 자신에게 있다는 생각은 매우 중요하다. 이것이 가장 강력한, 그리고 유일한 운명탈출의 방법이기 때문이다. 공자는 이렇게 말했다. "군자는 운명을 두려워한다." 이 말은 그저 앞날이 무섭다는 뜻이 아니다. 그보다는 '멀고 먼 과거에 나 자신이 어떤 잘못을 저질러 운명이 나쁘게 전개되지나 않을까?' 하는 겸손한 마음을 가져야 한다는 뜻이다. 자기 운명을 자기 책임이라고 생각하는 것은 아주 떳떳한 행위다. 공연히 하늘과 땅 그리고 사람을 원망하지 말아야 한다. 만약 어떤 사람이 나쁜 운명에 대해 자신이 책임지려는 마음을 가지고 반성하고 부끄러워한다면 그 운명은 반드시 사라진다.

운명에 대한 반성은 이처럼 중요하다. 불운에서 벗어나게 해줄뿐만 아니라 앞으로 닥칠 나쁜 운명도 사라지게 해준다. 하늘이 반성하고 책임지는 사람까지 쫓아다니면서 벌을 주지는 않는다. 책임지는 자세는 겸손하고 경건한 자세다. 이에 대해 하늘은 반드시 보상을 내릴 것이다. 만약 어떤 사람이 나쁜 일을 당했을 때 자신은 전혀 잘못도 없고 책임도 없다며 분통을 터뜨리거나 울부짖는다면 이는 하늘을 모독하는 행위다. 운명은 공정하다. 인간 사회의 각종

잘잘못은 때때로 사람에게서 기인하기도 하지만, 그것 역시 운명이기에 자신의 책임인 것이다.

정신과 태도가 고귀한 사람은 운명도 고귀한 법이다. 반대로 마음이 천한 사람은 운명도 천하다. 자신을 고귀하게 만드는 것은 다름 아닌 운명에 대한 겸손함과 책임감이다. 흔히 사람들은 나쁜 일을 당하면 '아무 잘못 없는 내게 하늘이 가혹하다'고 푸념하는데 이는 뻔뻔한 짓이다. 이유를 모르는 일을 당했을 때는 경건한 마음으로 이렇게 생각해야 한다. '하늘이 내게 경고하고 있구나!' 운명에 대한 겸손함은 인간이 가져야 할 최선의 대응법이자 운을 개척하는 신이 내린 방법이다.

25

소낙비가 올 때는
그칠 때까지 기다릴 것

누구나 한 번쯤 나쁜 시기를 맞이한다. 시간의 흐름이란 변화 그 자체이므로 운명도 변화하기 마련이다. 어떤 사람은 나쁜 일이 지속되기도 한다. 내 경우는 40년간 악운이 계속되기도 했다. 믿었던 사람들에게서 여러 번 크게 배신당했고, 욕심이 앞서 지나치게 서두르다 실패한 일도 많았다. 지금 그 시절로 다시 돌아가라고 하면 차라리 죽음을 선택하고 싶다. 그 시간을 잘 견디고 살아남은 것이 기적이었다고 생각하는 중이다. 내가 여기에 개인적인 푸념을 늘어놓은 것은 운명에 대처하는 방법을 독자 여러분이 더욱 절실하게 느끼도록 하기 위함이다. 인생의 항로는 태평할 때도 있지만,

어느 순간 악재가 벼락처럼 내리꽂히기도 한다.

　운명은 좋을 때도 있고 나쁠 때도 있다. 만물의 영장인 인간은 많은 능력이 있으므로 운명마저도 피해갈 수 있다. 운명은 미리 알면 이미 운명이 아니다. 하지만 미리 아는 것은 몹시 어려워서 아무런 대비도 못 한 채 나쁜 운명을 맞이하는 것이다. 알고자 노력하다 보면 어느 순간 운명이 보이기도 한다. 무엇보다도 중요한 것은 인간의 강인한 의지다. 어떤 환란이 닥치더라도 흔들림 없이 침착하게 돌파구를 찾아야 한다.

　나쁜 운명이 도래했다고 하자. 이것은 전문가가 아니어도 쉽게 짐작할 수 있다. 어떻게 해야 할까? 먼저 생각해볼 것은 '이 운이 얼마나 강한가'다. 운은 강한 것과 약한 것이 있다. 강한 운은 미리 알았더라도 피할 수가 없다. 현재 나쁜 운명이 시작되고 있다면 이는 피할 수 없다.

　이럴 때 두 번째로 생각할 것은 '이 운이 언제까지 지속할 것인가'다. 큰 사고가 났을 뿐이라면 이것은 그 순간으로 끝나고 피해만 잘 수습하면 그만이다. 하지만 지속해서 일어나는(혹은 일어날 것만 같은) 운명이 문제다. 길어질 수도 있다고 생각하며 풀어나가야 한다. 그러나 여기서 생각할 것은 우주의 모든 사건은 끝이 있기 마련이라는 것이다. 특히 인간의 일은 결코 영원히 지속되지 않는다. 그리 길 수가 없다. 사람은 적절히 대처하거나 피해가기 때문에 머지 않아 불운도 끝난다. 여기서 '피해간다'는 말은 포기하고 각오한다는 뜻이다. 이는 2차 피해를 막는 방법이다.

다급한 마음, 옹졸한 생각이 불운을 더 키운다

사람은 고난이 닥쳤을 때 그것을 황급히 해결하려다 또 다른 일을 당한다. 불행은 혼자 오지 않는다는 말처럼 2차 피해가 발생한다는 것이다. 이것을 경계해야 한다. 돌발적인 운명은 그 자체로 피해를 남기고 떠나가는 법이고 대체로 수명이 짧다. 그런데 여기서 다급한 마음이 앞서거나 혹은 조금도 손해 보지 않겠다는 옹졸한 생각이 작용하면 일이 커진다. 영국의 시인 윌리엄 워즈워스가 말한 것처럼, 소나기가 올 때 최선은 기다리는 것이다. 인생에서 마주하는 사건이나 운명은 대부분 수명이 짧다. 긴 시간 지속하는 운명은 거의 발생하지 않는다. 그러므로 '이 또한 지나가리라' 하는 마음으로 견디다 보면 액운은 대개 지나간다.

문제는 실로 오래가는 운명을 만났을 때다. 이것을 알 수 있는가? 알 수 있다. 예를 들어 직업이 없는 상태에서 병까지 난 경우다.

현재 몹시 가난한데 하는 일이 없고 주변에 도와줄 사람도 없다면 이는 오래가는 불운이 틀림없다. 그리고 2차, 3차 피해가 발생하고 고난의 세월이 길어질 것이다. 앞에서 말했지만 나는 희망 없는 세월을 40년이나 겪어보았다. 이럴 때 어떻게 대처할 것인가가 바로 '운명 대응'이다.

나쁜 운명은, 그것이 관상에 의한 것이든 사주에 의한 것이든 본인의 무능 때문이든 결과 그 자체가 괴롭다. 2차, 3차, 4차 피해로 이어질 수도 있다. 자, 여러분에게 현재 고난이 시작되었다. 그렇다면 당장 무엇부터 해야 하는가? 답은? 그냥 내버려두는 것이다.

운명이란 달게 받아야 한다. 건널목에 기차가 지나가듯 그저 기다려야 한다. 이때 잊지 말아야 할 것은 마음의 평정이다. 이 점을 좀 더 자세히 얘기해보자. '평정(平靜)'이란 물이 연못에 담겨 있듯 마음이 일정한 틀에 담겨 평평하고 고요한 상태라는 뜻이다. 동요하지 말고 평화를 유지해야 한다. 회한, 고통, 후회, 분노 등을 없애고 그저 받아들인다. 운명은 나쁜 빚을 갚는 것과 같아서 그저 지나가면 그 대가로 좋은 일이 반드시 온다.

그리고 한 가지 더 유념할 것이 있다. 고난이 다급하게 도래하는 경우도 있다. 갑자기 몸이 아프거나 빚 독촉, 차압, 화재처럼 시시각각 고통이 증가하는 중이라면 어떻게 해야 할까? 이처럼 운명의 파도가 거세게 요동칠 때는 차선책을 취하면 된다. 차선이 없을 때는? 차차선책이라도 취하거나, 어떻게든 또 다른 방법을 찾아야 한다.

나쁜 운명을 꽉 잡고 놓지 못해서

A는 사업에 실패해 5억 원의 빚을 졌다. 사업실패로 모든 것이 무너졌지만 그는 가만히 있지 않았다. 새로운 일자리를 찾았는데 월급이 200만 원이었다. 물론 그 정도 월급으로는 수십 년을 갚아도 빚을 다 갚지 못할 것이다. 하지만 그는 고통스러운 현실에서 빠져나와 마음의 평정을 갖기 위해 그 일을 시작했다. 그리고 최선을 다해 평정심을 유지하면서 1년 동안 계속 그 일을 했다.

그러던 어느 날 그에게 새로운 길이 열렸다. 새로운 운이 도래한 것이었다. 행운이란 현재의 불운을 묵묵히 견딜 때 발생하는 법이다. 후회와 분노로 고통스러워하며 허송세월한 것이 아니라 하찮아 보이는 일이라도 그는 묵묵히, 열심히 했다. 그러던 중에 새로운 운명이 찾아왔다. 운명이란 이처럼 언제 어디서 발생할지 모른다. 다만 현재의 나쁜 운명을 꽉 잡고 놓지 않으면 그 운명이 지속될 뿐이다.

A는 새로운 일을 시작했고, 그 일이 단지 상징적인 것에 불과하더라도 그 상징적 행동은 새로운 운명을 끌어내는 징조가 되었다. 아무리 하찮은 것이라도, 현실과 동떨어진 것이라도 좋다. 새로운 일을 통해 현재의 고통스러운 상황을 빨리 놓아주어야 한다.

소낙비가 올 때는 그칠 때까지 기다리는 것이 최선이라고 했다. 기다리는 것도 일이다. **탄식하며 고통스러워하는 것은 일을 하는 게 아니다. 나쁜 운명을 꽉 붙잡고 놓지 않는 것과 같다. 운명이 나쁠 때는 마음이 더 이상 동요하지 않게 연못의 물처럼 자신을 잘 지키고 있으면 된다.** 언제 다시 비가 올지 모른다. 운명은 우리의 마음과 깊은 연관이 있다. 마음을 단단히 먹으면 꿈에서 깨듯 어느덧 나쁜 운명은 멀리 사라진다. 이것이 궁즉변(窮則變) 변즉통(變則通)으로 표현되는 주역의 섭리이다. 우주 천지의 사물은 괴상한 일(나쁜 운명)을 오래 끌지 못하는 법이다. 나쁜 운명보다는 인생이 훨씬 더 길다.

그렇다면 앞날의 운명을 어떻게 알 수 있을까? 관상이든 사주든 육감이든 분석적 판단이든 나쁜 일이 일어날 것을 미리 파악하고 싶다면, 먼저 운명에 대해 겸손함과 조심성을 갖고 경건하게 지내면 된다.

자신의 운명에 대해 자신감을 가지는 것은 그리 좋은 일이 아니다. 관상 역시 나쁜 점이 있으면 그 부분을 보강하는 방법을 찾고 노력하면 된다. 운명을 가볍게 여기거나 비웃으면 반드시 나쁜 운명을 맞는 법이다.

26

새로움이 없는 인생은
태만하다

자연계에는 뉴턴이 정리한 '운동 제3 법칙'이라는 것이 있다. '작용 반작용 법칙'이라고도 불린다. 간단히 설명해보자. 우주에 존재하는 사물에 어떤 행위가 있으면 그로 인한 결과를 그 사물이 대가로 돌려받는 법칙이다. 로켓이 날아가고 배가 움직이고 사람이 걷는 것도 다 이 법칙 때문이다. 로켓은 가스로 공간을 밀어내고, 배는 스크루로 물을 밀어내며, 사람은 한 발로 땅을 밀어낸다. 그러한 작용에 대한 반작용으로 공간은 로켓을 앞으로 추진하고, 물은 배를 밀며, 사람은 다음 걸음을 내디딘다.

인간이 사회에서 죄를 지으면 처벌을 받아야 하고, 은행에서 돈을 빌리면 반드시 갚아야 한다. 운명도 다르지 않다. 처음의 행동은 작용이고, 이는 미래에 반작용을 일으킨다. 억울할 것 없다. 주는 만큼 받는 것이다. 모든 것에 원인이 있고 우연은 없다.

인간은 미래를, 즉 운명을 만들 수 있을까? 너무나 당연한 일이다. 콩 심은 데 콩 나고 팥 심은 데 팥 난다. 우리기 하루하루를 살아가는 것은, 현재를 사는 것과 동시에 미래를 만드는 것이다. 공부하고 저축하고 착하게 사는 등 인간의 모든 행위는 미래의 운명을 결정한다. 그러니까 아무렇게나 살아서는 안 된다. 현재를 경건하게, 충실하게 살면서 또 조심스럽게 미래를 준비해야 한다.

오랜 세월 남을 비웃고 깔보면서 살아온 사람이 있다. 그의 미래가 좋을까? 항상 남을 속이고 인격을 내팽개치며 산 사람이 좋은 미래를 기대할 수 있을까? 우주는 합리적이라는 사실을 절대 잊어서는 안 된다. 사소한 것이 거대한 사건을 일으키는 법이다. 이른바 '나비효과'다.

운명은 바로 나비효과다. 아주 작은 일이 커다란 운명을 유도한다. 사소한 버릇 하나가 인생을 바꿀 거대한 운명을 일으킨다는 것은 뒤에서 더 구체적으로 설명하겠다. 이 장에서는 얼굴에 나타난 자그마한 징후들이 큰 운명을 일으킬 수 있다는 점만 알아두자.

─ 운명의 강도가
변화의 시기다

　관상은 우리에게 나타나는 운명이지만 관상의 변화로부터 또 새로운 운명이 만들어진다. 운명은 계속 이어지지만, 적절히 대처하면 나쁜 운을 단절할 수 있다. 미리 짐작할 수 있다면 나쁜 운명이 2차, 3차 피해를 일으키기 전에 1차에서 막을 수 있다는 뜻이다. 그리고 새롭게 나아가면 된다.

　도대체 운명은 언제 오는가? 과학자들이 어떤 물의 성분을 조사할 때, 먼저 어떤 물질이 함유되어 있는지를 알아본다. 이를 정성(正性) 검사라고 한다. 그다음 단계는 그 성분이 얼마나 있느냐다. 정량(定量) 분석인데, 관상도 이와 비슷하다. 부자가 될 관상이긴 하지만 얼마만큼 큰 부자가 되느냐는 아직 말하지 않은 것이다. 예를 들어 A라는 사람은 여러 관상가로부터 부자가 될 운명이라는 이야기를 들었다. 그렇다면 A는 큰 부자가 될 것으로 판단할 수 있다. 부자가 될 성분의 양이 많기 때문이다.

　한편 B는 부자가 될 관상의 요소가 하나 정도 있다고 한다. 그러면 B는 부자가 될 가능성이 있지만 그것이 현저하지는 않다. 하지만 부자가 될 수는 있다. 확률이 낮은 일도 발생할 수 있기 때문이다. 운명이 언제 발생하느냐는 그 징후가 얼마나 많고 적은지에 달렸다. A는 부자가 되는 방향으로 강한 운명을 가졌고, B는 약한 운명을 가진 것이다.

그렇다면 강한 운명이란 무엇이고 약한 운명이란 또 무엇인가? 이것은 운명이 언제 발생하느냐를 가늠하는 중요한 요소다. 여기 자그마한 꽃병이 있다. 이 꽃병은 영원히 여기에 있을까? 그렇지 않을 것이다. 꽃병은 가벼워서 언제든지 이동할 수 있다. 사람으로 치면 그가 가진 어떤 운명을 유지하는 힘이 약하다는 뜻이다. 너무 가벼워서 그 운명이 지워질 수도 있다는 의미다. 관상에 나타난 운명도 그것이 약하면 언제든지 무효가 될 수 있다.

거리에 엄청나게 큰 조각상이 있다. 이것이 다른 곳으로 옮겨질 가능성이 얼마나 클까? 그 무게만큼 이동할 가능성은 줄어들 것이다. 조각상은 아주 크고 무겁기 때문에 한동안 그 자리에 머물 것이 분명하다. 비슷한 예로 다 쓰러져가는 조그만 집(작고 약한 집)은 얼마 동안 유지될까? 100년쯤? 그럴 수는 없을 것이다. 반면 아주 큰 건물이라면 어떨까? 그 자리에 오래 있을 것이다. 63빌딩이나 남산은 100년도 넘게 그 자리에 있을 가능성이 크다. 얼마나 더 오래 있을지는 나도 모르겠다. 요즘 산이 자꾸만 깎여 없어지는데 1,000년쯤 후에는 남산도 없어질지 모른다. 설악산은 어떤가? 아마 1만 년 이상 존재하지 않을까?

― 좋은 운명은
언제 찾아오는가?

모든 것은 가능성 안에 존재한다. 운명이란 것도 그것이 유지되거나 없어질 가능성에 의거해 존재한다. 가능성이 큰 징조들은 그 발현속도가 빠를 것이 당연하다. 하늘에 먹구름이 가득하다면 머지않아 빗방울이 떨어진다. 운명이란 자연계의 많은 사건처럼 확률적으로 존재하고 그 확률이 높으면 빨리 일어난다. 나의 경우 역시 좋은 운명의 징후가 너무 적어서(없지는 않았다) 운명의 발현이 아주 늦어졌다. 40년을 고생하고 65세에 이르러 겨우 조금 개선되어 그나마 다행이라고 생각한다. 이 이야기를 여러 번 강조하는 이유는, 독자 여러분도 어떤 운명이든 실망하지 말고 때를 기다리라고 말하고 싶기 때문이다. 고대 중국의 강태공은 80세에 이르러 겨우 빛을 보고 세상에 나섰다.

그런데 운명의 징후가 분명한데도 빨리 나타나지 않을 경우에는 어떻게 해야 할까? 방법이 있다. C라는 사람의 이야기다. 나는 10년 이상 C를 살펴보았다. C는 교양 있고 착한 데다 외모까지 잘생겼다. 누가 봐도 점잖고 귀한 모습이었고, 관상도 나무랄 데가 없었다. 따라서 좋은 운명이 곧 도래할 것으로 기대했다. 그러나 5년 이상 좋은 일이 전혀 없었다. 자기 사업을 했기 때문에 잘되려면 언제든지 잘될 수 있는 현실적 조건도 갖추고 있었다. 하지만 잘되기는커녕 직원들이 수시로 이탈하고 사기까지 당해서 사업은 날로 기울어갔다. 참으로 이상한 일이었다. 얼마든지 잘될 사람인데….

그래서 나는 C에 대해 다시 관찰하며 깊게 생각해봤다. 그러던 중 몇 가지 중요한 사실을 발견했다. C는 운명에 좋다는 일을 열심히 해왔다. 고요하게 산책하고, 일찍 일어나고, 깔끔하게 집 안을 정리하고, 경우에 따라 이사를 하는 등 운명에 좋다는 일을 이것저것 다 해본 것이다. 그런데도 그의 운명은 좋아질 기미가 없었다. 그 역시 자신의 운명이 아주 좋다고 믿으며 이제나저제나 좋은 운명이 도래하기를 기다리고 또 기다렸다. 무엇이 문제일까? 문제는 생동감이 전혀 없는 상태였다. C는 그저 가만히 앉아서 운명을 기다릴 뿐이었다. 무언가 새로워지는 것이 없었다. 지난 10년 동안 기차 레일 위를 달리듯 똑같은 생활을 반복해온 것이다.

한마디로 C는 아주 태만한 사람이었다. 사업을 위해 각오를 다지며 힘을 내거나 아이디어를 창출하지도 않았고, 하다못해 집을 떠나 여행 한 번 하지 않았다. 항상 기력이 없었고, 남에게 위로받을 생각만 했다. 무슨 일이든 능동적으로 추진하지 않았고 용기는 일절 없었다. 그리고 남에게 베풀지 않고 항상 신세만 졌다. 자신은 좋은 운명을 기다리는 중이라며 매일 운명에 대한 생각만 한 것이다.

C는 자기 자신을 잘 파악하고 있었지만, 좋은 운명이 오게 만들지는 못했다. 어째서 그런가? 생동감이 전혀 없었기 때문이다. 씩씩하거나 밝지 않았고 명랑하지 못했다. 무엇보다도 노력이라는 것을 하지 않았다. 그저 일정한 틀에 편안하게(태만하게) 안주할 뿐이다. 이는 운명을 기다리는 옳은 태도가 아니다. 운명은 아무 일도 안 하면서 기다리는 것이 아니다. 굳이 운명을 기다릴 것도 없다. 아주 열심히 살면 된다. 재수 나쁜 짓을 하지 않고, 남에게 베풀며 살아야 한다. 주위 사람들에게 선물도 하고, 친지를 만났을 때는 밥값도 내야 한다.

C는 착하기만 하고 그저 죽어 있는 사람이었다. 앞에 있어도 존재감이 느껴지지 않았다. 그는 모든 면에 안전과 절약을 추구하느라 혁신이 전혀 없었다. 오로지 운명이 모든 것을 이루어줄 것이라고 믿으면서 말이다. 운명이란 역동적인 사람에게 찾아오는 법이다.

▬ 장작이 쌓여 있는데
왜 불을 지피지 않는가?

C의 경우 운명의 장작은 있으나 그것에 불을 지피지 않았다. 과

일이 열려 있는데도 떨어지기만 기다릴 뿐 손을 뻗어 그것을 딸 생각을 안 했다. 운명이 좋은 사람은(그리고 앞으로 좋아질 사람은) 아주 열심히 산다. 남의 눈에 띌 정도로 매사에 열심이다.

옛 속담에 이런 말이 있다. 군자는 3일만 보지 않아도 눈을 비비고 다시 봐야 한다고. 이는 3일이라는 짧은 시간에도 달라져 보인다는 뜻이다. 날이면 날마다 새로워지고 역동적으로 살아야만 운명의 문은 열린다. 문은 두드려야 열린다는 말도 있지 않은가!

기다리는 것은 좋다. 그러나 반드시 더 열심히, 무엇인가 쓸 만한 일을 하고 있어야 한다. 고작 열심히 운명을 기다린다는 것은 오히려 오던 운명도 못 오게 막는 짓이다. 구슬이 서 말이라도 꿰어야 보배이고, 길을 나섰으면 열심히 걸어야 한다. 주위 사람을 존경하고 사랑한다면 작은 것이라도 베풀어야 한다. 베풀지 않으면 그것은 사랑도 존경도 아니다. 표현하고 실천하는 것만 사실이다. 마음으로는 고마워하면서 그것을 실제로 표현하지 않으면(물질적으로) 아무런 뜻이 없다.

자신의 운명이 좋다는 것을 알았다면 그때부터는 좀 더 열심히 생각하고 행동해야 한다. 사람을 만나 베풀고, 자신의 행동이나 태도를 반성하며 조심스럽게 그리고 경건하게 살아야 한다. 좋은 운명이 준비되어 있어도 내가 태만하면 시들해지는 법이다. 운명을 믿으라는 말은 운명을 무시하거나 자기만 잘났다고 생각하지 말라는 뜻이다. 만약 어떤 사람이 운명이란 없고, 모든 것은 내가 만드는 것이라 생각한다면, 이는 오만이다. 안타깝지만 살면서 많은 사고를 당하게 될 것이다. 반대로 운명에 너무 기대어 '모든 것은 운명이 만드니 나는 아무 일도 하지 않겠다'라고 생각한다면, 그 역시 평생 꿈속에서만 살게 된다.

운명은 언제 찾아오는가? 물론 궁금하다. 하지만 아무 노력 없이 그저 운명을 기다리기보다는 하루하루를 열심히 바르게 사는 것이 중요하다. 그런 사람에게는 반드시 좋은 운명이 도래한다. 관상이 좋은 것은 필요조건일 뿐이다. 좋은 운명이 실현되려면 충분조건, 즉 열심히 바르게 사는 태도를 갖추어야 한다. 운명은 언제 찾아오는가? 필요조건과 충분조건을 모두 갖추었을 때 찾아온다.

27

'그냥 열심히 산다'는
재수 없는 생각

내 강의를 듣고 어떤 사람은 "운명을 알아서 뭐하나요?", "굳이 알 필요가 있나요? 안다고 바뀌는 것도 아니고…" 하며 따지듯이 묻는다. 참으로 답답한 생각이 아닐 수 없다. 우리가 벌판에서 길을 걸어간다고 가정해보자. 그럴 때 여러분은 바로 눈앞만 보며 걷는가? 저쪽 편, 조금 먼 곳까지 보면서 걸어야 하지 않겠는가! 운명이란 먼 곳에 있는 예정된 사건들이다. 이것을 모르고 열심히 나아가는 것은 앞을 보지 않고 걷는 것과 같다. 지도나 이정표 역시 내가 가야 할 저 앞쪽을 표시해둔 것인데, 이런 것도 없이 길을 가면 목표는 점점 멀어질 것이다.

우리가 어려서부터 교육을 받으며 자란 것도 앞날을 어느 정도 예견했기 때문이다. 사람은 어릴 때 교육을 잘 받아야 어른이 되어서도 행복하게 살 확률이 높아진다는 예견 말이다. 국가의 정책도 미래 예견을 기반으로 추진된다. 사업도 마찬가지다. 어떤 일을 하든 미래를 예견하지 않고 밀어붙이다가는 무슨 일이 닥칠지 모른다. 그러니 항상 미래를 살피면서 살아야 하고, 그래야 위험을 피하고 성공할 확률도 높아진다. 단순히 일기예보만 해도 앞날을 계획하는 데 무척 중요하지 않은가! 이렇듯 사람은 미래를 예견하며 살아야 한다. 눈앞의 일, 오늘 할 일만 열심히 한다고 해서 발전하는 것이 아니다.

그래서 인간은 먼 옛날부터 수많은 분야에서 미래를 예견하기 위해 엄청나게 노력해왔다. 그것은 곧 인류의 안전과 복지를 증진하는 일이기도 했다. 개인, 가정, 단체, 국가는 물론이고 인류 전체가 미래를 예측하지 않고서는 현재를 기획할 수 없다. 운명이란 미래 중에서도 특정된 사건을 말하는 것으로, 이것은 우리가 살아가는 그 자체다. 미래를 알려는 노력을 기울이지 않는 사람은 '될 대로 돼라' 하며 미래의 성공을 기획하지 않는다.

동물조차 미래를 예측하고 기획한다. 벌은 겨울에 먹을 꿀을 비축하고, 뱀 역시 겨울을 대비하며 몸 안에 영양분을 비축한다. 여우는 앞날을 위해 여기저기에 식량을 숨긴다. 사람은 미래를 위해 공부하고 저축하며 대비한다. 미래는 알면 알수록 그 이익이 무한히 커질 것이다. 반면 미래를 모르고 열심히만 산다면 앞날은 위태로울 것이 틀림없다. 길게 얘기할 것도 없다. 반드시 운명을 예견하며 살아야 한다. 다만 그 방법이 쉽지 않다는 것이 문제다.

▬ 좋은 운명을 맞이할
자격이 있는가?

운명이 분명 존재하므로 그것을 아는 방법도 있다. 인류는 태초부터 꾸준히 미래를 아는 법을 연구해왔다. 대대손손 이어져 내려온 연구다. 먼저 개인의 운명을 살펴보자. 나는 나의 운명을 알 수 있는가? 이와 같은 질문은 좀 더 세분할 필요가 있다. 이는 신처럼 완벽하게 모든 미래를 알 수 있느냐고 묻는 것이 아니다. '어느 정도' 혹은 '약간이라도' 알 수 있는지를 묻는 것이다. 그리고 여기서 '알 수 있는지' 역시 실은 조금이나마 예측할 수가 있는가를 의미한다. 예측이 어렵다면 짐작이라고 해도 되고, 짐작도 어려우면 느낌이나 육감 등으로 표현해도 된다. 어쨌건 우리는 운명을 기필코 알고 싶다. 다시 묻겠다. 나는 나의 운명을 알 수 있을까? 짐작, 육감, 느낌 등으로 알 수 있는가? 대답은 '가능하다'이다. 물론 무당, 점쟁이, 도사, 예언가가 아니어도 가능하다는 뜻이다. 어떻게 가능한지 알아보자.

운명을 아는 첫 번째 방법은 자신의 과거를 보는 것이다. 여러분은 부잣집에 태어났는가? 그렇지 않다고? 일단 부자의 운명은 아니다. 그렇다면 집안이 가난하거나 평범한 서민층 출신인 사람을 연구해보자. 내 경우는 매우 가난하고 별 볼 일 없는 집안에서 태어났다. 시작이 나빴다. 시작이 나쁘면 그만큼 미래도 힘든 법이다.

다음 질문. 교육을 잘 받았는가? 아니라면 운명은 더 나쁠 것이다. 교육을 제대로 받았다면 다행이다. 다음은 직장이다. 안정적으로 발전하고 있는 직장을 얻었는가? 불안한 직장이라면 이는 슬슬 운명이 나빠지는 중이다. 사회생활은 어떤가? 인간관계나 주위 사람들과의 교류가 순탄한가? 그렇다면 운명이 좋아질 징조는 있다. 사회생활이나 인간관계도 좋지 않다면 운명은 무조건 나빠진다.

그렇다면 앞날에 운명이 좋아질 조건들은 갖추었는가? 실력이 있다고? 그렇다면 다행이다. 그러나 실력은 누구나 있다고 봐야 한다. 실력은 운명에 그리 큰 조건은 아니다. 실력이 운명을 이끌어주는 것은 아니라는 뜻이다. 과거를 돌아보았을 때 고생을 많이 했는가? 많이 했다. 지금도 마찬가지라고? 그렇다면 미래도 그럴 것이다.

다시 묻자. 당신은 운명이 좋다고 믿고 있는가? 그렇게 생각한 근거는 무엇인가? 그저 믿을 뿐이라고? 그렇다면 운명은 더욱더 나빠질 것이다. 진실을 보지 못하면 상황은 더욱 나빠지는 법이다. 운명이 좋을 것이라면 근거가 있어야 한다. 만약 근거가 없다면 다음 질문에 답해보자. 당신은 좋은 운명을 맞이할 자격이 있는가? 자격은 모르겠고, 하느님이 나를 사랑할 테니까 어떻게든 잘되지 않을까? 정말 이런 생각을 가지고 살아간다면 이는 아주 재수 없는 생각이다. 내 운명을 하느님 탓으로 돌리지 말고, 자신에게 분명한 자격이 있는지를 생각해봐야 한다.

― 운명이란
먼 곳에 있는 예정된 사건들이다

운명이 좋은 사람은 그만한 이유가 있다. 평생 죄짓지 않고 살았으니 운명이 좋아야 한다고 생각하는가? 이 또한 재수 없는 생각이다. 남들은 다 죄인인가? 평범한 사람은 대부분 죄를 짓지 않고 살아간다. 당신은 앞으로 운명이 좋아질 것인가? 답은 내가 얘기하겠다. 당신의 운명은 좋아지지 않는다!

사람은 누구나 과거를 보고 현재를 보면 어느 정도 미래를 짐작할 수 있다. 막연하게 "나는 앞으로 좋아질 거야!"라고 믿고 산다면 미래는 없다. 그렇다면 다시 묻겠다. 좋은 운명을 위해 당신은 오늘 무엇을 하고 있는가? 그냥 열심히 산다고? 자꾸 그런 재수 없는 생각은 하지 말자. 지금 다루고 있는 문제는 열심히 사는 사람 중에 어떤 사람이 운명이 좋아지는가다. 운명만 믿으면 될 일도 안 되는 법이다. 구체적으로 어떻게, 운명을 좋게 만들고 있는가?

먼저 알아야 할 것은 이제까지의 운명이 어땠는가다. 구체적이고 세세한 것을 묻는 것이 아니다. 크게 봤을 때 혹은 대체로 어땠는가다. 어려운 질문이 아니다. 과거에 계속 나빴다면 앞날도 그럴 것으로 생각하는 편이 합리적이다.

내 경우는 40년 동안 혹독한 운명을 겪고 나서 스스로에게 미래는 어떨지를 물었다. 이는 뻔한 것이다. 미래도 마찬가지일 것이라고 생각했다. 나는 실력도 있었고, 착하게 그리고 열심히 살았다. 그러나 결론적으로 운명이 나빴다. 평범한 사람들이 대부분 그렇듯이 나 역시 죄를 짓지 않았고, 스스로 죄인이라고 생각하지도 않았다. 열심히 공부하며 양심적으로 살았지만 나의 운명은 과거에도 나빴고 미래에도 나쁠 것이라는 결론을 얻었다. 이는 아주 중요한 결론이었다.

병법의 대가 손자의 말을 잘 알 것이다. "나를 알고 적을 알면 백전백승이다." 여기서 '나'는 나의 운명이고, '적'은 미래에 내가 헤쳐나가야 할 운명이다. 우선 나 자신의 운명부터 알아야 대책을 세울 수 있다. 운명에 대한 자신감은 하늘에 대한 오만에 불과하다.

공자가 말한 '운명에 대한 두려움'은 겸손으로 운명을 극복하기 위한 최우선의 조건이다. 자신이 그동안 나쁜 세월을 겪어 왔다면 이것은 미래를 예고하는 단서다. 운명이 나빴다면 반성할 일이지 괜한 자신감을 앞세우면 절대 안 된다. 자신감이란 오로지 열심히 실천할 결심에만 쓰여야 한다. 그리고 실제로 무엇인가를 계속 실천해야 한다.

▬ 평범한 행동은
이기적이고 천박하다

운명의 개선에 대해 얘기해보자. 일단 자기 운명이 나쁘다고 판단한 사람은 어떻게 해야 할까? 과거가 충분히 좋았다면 앞으로도 운명이 좋을 것으로 믿어도 된다. 과거는 미래의 거울이다. 자신의 나쁜 운명을 알았다면 무엇부터 해야 할까? 그것은 바로, 반성이다! 내 운명은 내 책임이고, 내가 무엇인가 나쁜 짓을 했거나 혹은 운명이 좋아질 만한 행동을 하지 않았기 때문이다.

나는 60세를 지나고 나서 반성을 시작했다. 지난 40년간 저지른 잘못에 대해서 말이다. 그래도 희망을 잃지 않았고, 내 행동을 고치고 운명이 좋아질 만한 행동을 실천할 자신감이 있었다. 그 이후 열심히 실천했을 뿐이다. 무엇을 어떻게 실천할 것인가? 어떻게 하면 운명이 좋아질까?

잘못된 운명을 고치는 것은 그리 어려운 문제가 아니다. 제대로 반성하고, 나쁜 운명에서 벗어나기 위해 끊임없는 실천을 하면 된다. 무엇을 반성해야 할까? 단점을 찾아내야 한다. '단점? 그런 것 없는데…' 이런 생각을 하면 인생은 다 끝장난 것이다. 운명은 점점 나빠지고 삶은 마치 지옥과 같아질 것이다. 반성할 것이 딱히 생각나지 않는 것은, 악마가 마음속에 자리 잡고 방해하기 때문이다. 모든 것이 반성할 거리인데 자기 눈에 보이지 않는 것이다.

언젠가 내가 잘 아는 친지를 살펴본 적이 있었는데 잠깐 사이에 시급하게 고쳐야 할 단점이 280개나 보였다. 더 찾아보면 더 많았을 텐데 나는 이틀 만에 그만두었다. 나 자신을 살펴봤더니 400개 정도가 쉽게 보였다. 마찬가지로 계속 뒤져보면 더 많아질 것이 틀림없다. 어렵게 생각할 것 없이, 자신의 모든 행동이 반성할 거리라고 생각하면 된다.

잠깐 따져보자. 나는 잘났는가? 못났는가? 그래도 보통은 된다고? 절대 그럴 리 없다. 나 자신은 못난 사람이다. 정신상태가 그렇다는 것이다. 자기를 잘났다고 생각하는 사람은 아주 뻔뻔한 사람이다. 살아오면서 그토록 많은 죄를 지어놓고 그것을 모른다고?! 나의 행동은 고귀했는가? 평범했거나 천박했을 것이다. 이 세상에 고귀한 삶은 아주 많다. 나는 필경 이기적으로 행동했을 것이다. 타인과 대화할 때 나의 의견이 더 많으면 이는 천박한 것이다. 고귀한 사람은 남의 의견을 더 많이 경청한다. 반면 천박한 사람은 끊임없이 자기주장을 펴고 자기 뜻을 관철시키기 위해 목소리를 높여 다툰다. 필요 없이 웃고 눈동자로 남을 깔본다. 그리고 남이 말하면 그게 아니라고 대꾸한다.

여러분은 남의 말을 집중해서 듣는가? 한눈팔며 건성으로 듣고 공감하지도 않는다. 인생을 살면서 많은 사람을 만났을 것이다. 여러분은 남에게 얼마나 신세를 졌나? 만날 때 찻값, 밥값, 술값은 냈는가? 애인이나 친한 친구, 존경하는 사람에게 선물을 준 적이 있는가? 생각나지 않는다고? 그렇다면 없는 것이다. 그렇다면 하늘은 결코 당신에게 베풀지 않을 것이다.

남에게 화를 내거나 속으로 미워한 적이 있는가? 많을 것이다. 이제부터 시급하게 고쳐나가야 한다. 사람을 배신한 적이 있는가? 없다고? 그럴 리가…. 사람은 단점이 많은 법이다. 태어난 이래 지금까지, 잘못이나 단점을 반성해야 한다. 열심히 찾아보면 많을 것이다.

운명은
태도를 반영하는 거울이다

나는 50년 전에 저지른 나의 잘못을 발견한 적이 있었다. 어떤 사람을 오해했던 것인데 나는 그것을 미안하게 생각하며 반성했다. 그리고 또 지난 수십 년 동안 남을 미워했던 사실을 많이 찾아냈다. 그 외에 남에게 적절하게 대해주지 못했던 것도 찾아 반성했다. 여러분의 행동은 어떠했나? 쓸 만한 행동을 많이 했는가? 그렇지 않을 것이다. 그저 무의식적으로 반응하고, 닥치는 대로 행동하면서 살았을 것이다.

프랑스 속담에 '당신 그림자의 목이 삐뚤어져 있는 것은 당신 목이 삐뚤기 때문이다'라는 것이 있다. 운명이란 다름 아닌 나의 행동과 태도의 반영이다. 즉 운명은 거울이다. 그리고 거울에 비친 것은 나 자신의 실물일 뿐이다. 반성은 무슨 이유가 있어야 하는 것이 아니다. 그저 하는 것이다. 모든 행동이 반성을 통해 점점 더 개선될 것이다. 그러니까 우리의 모든 삶은 다 잘못이라고 해도 과언이 아니다. 좀 더 잘할 수 있었다.

　나는 10년 정도 반성을 하고 나서 운명을 개선하는 방법을 책으로 쓴 적이 있었다. 한 독자가 심각하게 물어왔다. "당신의 운명은 개선되었습니까?" 그래서 대답했다. "나는 운명을 개선하는 중입니다." 그랬더니 또 묻는다. "언제 개선됩니까?" 이 질문은 아주 핵심적이다. 운명을 개선하기 위해서는 분명 반성부터 시작했는데 그 결과는 언제 나타나는가? 이것은 운명 개선의 성과를 묻는 것이므로 자세한 설명이 필요하다.

　우선 운명의 모습을 보자. 이것은 많은 원인에 의해서 만들어진 것이다. 오늘날 과학자들은 사물의 현상이 있을 때 그것이 한 가지 원인에 의해서가 아니라 많은 원인이 모여서 이루어진다는 것을 발견했다. 이것은 다원인결과(多原因結果)라고 하는데, 종전에는 인류가 현상에 대해 한 가지 원인만을 찾아내는 습관이 있었다. 이는 마치 영화를 볼 때 주연배우의 행동만 보는 것과 같았다. 이는 잘못된 것이다. 영화는 조연도 매우 중요하다.

　운명도 이와 같다. 여러 가지 원인이 산처럼 많다. 운명이란 많은 원인이 오랜 세월 누적된 결과다. 한두 가지 원인이나 한두 번의 실수로 이렇게 된 것이 아니다. 계속해서 수많은 잘못이 반복되었기 때문이다. 운명의 결과는 마치 쓰레기더미와 같다. 쓰레기가 산처럼 쌓여 있다면, 이것을 다 치워야 운명이 개선되는 것이다. 그러니까 시간이 걸릴 수밖에 없다.

━ 행운은 행운대로 오고 액운도 액운대로 온다

운명이 언제 개선되는지를 묻는 사람에게 나는 이 내용을 상세히 설명해주었다. 그는 기다려보겠다고 했다. 나 역시 나의 반성과 실천을 더욱 강력하게 이어가야겠다고 결심했다. 무엇을 했는가? 우선 끊임없이 잘못을 찾아냈고 행동을 고쳐나갔다. 무엇을? 모든 것이었다. 걷는 방법, 아침에 일어나는 시간, 식사 메뉴, 산책 코스, 남과 대화할 때의 태도, 타인을 이해하기, 내 생각을 강요하지 않기, 나의 의견 줄이기 등 한도 끝도 없이 많았다.

이런 것을 다 실천하려고 하다 보니 매일 다시 태어난 것 같았다. 익숙한 것이 하나도 없었다. 생각하고 고치기를 계속했는데 여기에 반드시 추가할 것이 있다. 새로움이다. 새로움은 안 해본 짓을 해보는 것이다. 자기 자신이 과거와 같거나 비슷하면 안 된다. 어제 없었던 행동이 오늘 새로 생겨야 한다. 옷도 바꾸고 취미도 더 많이 발굴해야 한다. 예를 들어 잘 못 부르는 노래도 제대로 불러야 하고, 늘 하던 노래 말고 새로운 노래를 불러야 한다. 음식도 새로운 것을 먹고, 즐겨 보는 드라마의 종류도 바꿔봐야 한다.

만나는 사람도 다양하게 변화시켜야 한다. 남에게 잘 베풀고 돈 씀씀이도 고쳐야 한다. 너무 아끼면 돈이 생기지 않는 법이다. 옛 성인이 "날이면 날마다 새로워지라." 하고 강조했듯이, 반성은 곧 새로워짐과 같다. 반성이란 바로 과거를 고쳐 새로워지는 것이다. 반성해야 할 것은 산처럼 많고 고쳐야 할 것도 그렇다. 쓰레기 산을 다 치우고자 한다면 세월이 얼마나 걸릴까? 아주 오래 걸릴 것이다. 그렇다 하더라도 지금 당장 종이 한 장이라도 치워나가야 한다. 운명의 쓰레기는 치우면 치운 만큼 없어진다. 그리고 그 자리에 조금씩 새로운 운명이 들어온다.

운명의 또 다른 속성은 그것이 오랜 시간 동안 만들어진다는 것이다. 나는 40년 동안 고생하고 나서 조금이나마 반성하게 되었다. 운명이 언제 개선되느냐는 심각한 질문을 받고 난 후 나는 반성에 더욱 박차를 가했고 마침내 나의 앞날이 보이기 시작했다. 그래서 많은 사람 앞에서 공언했다. "두고 보세요. 내가 운명을 고쳐 보일 게요. 그리 오래 걸리지는 않을 것입니다." 실제로 그로부터 5년이 지난 후 운명이 달라지는 것이 보였다.

5년이 더 흐르자 큼직큼직한 행운도 출현하기 시작했다. 그런데 이 무렵 나에게는 커다란 재난도 있었다. 뜻밖의 일은 아니었다. 행운이란 모든 액운을 쫓아낸다는 뜻은 아니기 때문이다. 행운은 행운대로 오고 액운은 액운대로 오는 법이다. 옛 성인은 "이미 나빠진 행동은 고치고 아직 만들어지지 않은 좋은 행동은 더 만들어야 한다."고 말했다. 이 말은 늘 반성하고 새로워지라는 뜻이다.

운명이 다 끝나면 인생도 끝난다. 그러나 새로운 운명이 남아 있는 한 삶은 계속된다. 오늘의 삶이 어제와 똑같다면 어떻게 해서든 변화를 주어야 한다. 그래야 사는 것이 재미있고 또 새로운 운명, 더 좋은 운명도 맞이할 수 있다.

Part 5.

작은 습관으로
운의 영토를 넓히는 법

새로운 운을 만들어보겠다고 마음먹으면
얼마든지 그렇게 할 수 있다.
게으름, 패배주의, 수동적이고
소극적인 태도는 인간답지 않다.
주어진 대로 사는 동물과 무엇이 다른가?
인간은 운명마저 바꿀 수 있는 존재다.

28

주어진 대로
살지 마라

시간은 미래를 향해 끊임없이 흘러간다. 인간의 삶도 마찬가지여서 오늘에 이어 내일이 오고, 내일이 지나면 또다시 내일이 찾아온다. 그러다가 마침내 인생의 종말에 이른다. 그 후에도 여전히 시간이 흐르겠지만 우리의 존재 자체가 없어진 이후는 알 바 아니다. 인생은 어떤 테두리 안에서, 즉 한정된 시간 안에서 존재할 뿐이다. 우리는 주어진 세월을 매일매일 소모하며 살아간다. 인생은 시간을 소모하면서 지내는 과정이다. 좋든 싫든 각자에게 주어진 몫을 소모하면서 살고, 그 시간을 다 사용하고 나면 누구나 끝이다. 그러니 우리는 주어진 시간만 열심히 살아가면 그뿐이다.

그렇다면 어떻게 사는 것이 좋은 것일까? 딱히 정답은 없다. 저마다 인생관에 따라 다양한 삶의 방식이 있을 것이다. 여기서는 아주 위대한 삶을 얘기하지 말고(그런 것이 있다 해도) 그저 평범한 삶에 대해 얘기해보자. 무엇을 해야 할까? 먼저 돈을 벌어야 할 것이다. 사람은 특별한 사정이 없는 한 자기가 쓸 돈을 스스로 벌어야 한다. 부모가 유산을 물려준 것이 아니라면 자신의 생계를 책임지기 위해 생존경쟁에 뛰어들 수밖에 없다. 이것은 인간을 포함한 모든 생물의 절대적인 의무다. 좋든 싫든 이것이 태어난 존재의 운명이므로 받아들여야 한다. 불평할 수도 없고, 불평하는 사람도 없을 것이다. 자기 문제를 자기가 해결한다는 것은 대자연의 공정함 또는 공평함이 아닌가(물론 부모나 국가 또는 지인이 대신해주는 경우도 있긴 하다).

━ 열심히 사는 것 말고
무엇을 더해야 하는가?

이제 생존경쟁이 시작되었다. 직장을 다니거나 사업을 한다. 누구나 이런 식이다. 그리고 세월이 가면 각자 다른 결과를 맞는다. 이것이 바로 그 사람의 운명인 것이다. 어떤 사람은 수입이 많고 어떤 사람은 적어서 고생한다. 일단 겨우 생존할 정도는 벌게 되었다고 가정하자. 그러고 나면 좀 더 편하게 생존하려는 경쟁이 시작된다. 그러한 경쟁에서도 어느 정도 우위에 섰다고 가정해보자. 그다음으로 무엇을 할 것인가? 돈을 쓰며 행복을 추구하고, 취미생활도 하고 때로는 보람 있는 일도 할 것이다.

이처럼 삶의 여정은 1단계 생존, 2단계 안정, 3단계 여유, 4단계 풍족, 5단계 부자 등의 키워드로 이어진다고 정리해볼 수 있다. 지금 여러분은 어디에 속해 있는가? 나의 경우에는 1단계에서 2단계로 가기 위해 노력 중이다. 목표는 상향이다. 보통 사람은 대개 안정까지는 간다. 그리고 인생을 즐기며 살아간다. 물론 돈을 더 벌기 위해 세상을 살피며 노력하기도 한다. 하지만 그 외에는 인생의 종말을 향해 나아가는 것뿐이다.

그렇다면 그냥 2단계에 만족하며 사는 게 정답일까? 더 좋게 살아가는 방법은 없을까? 이 문제는 스스로에게 묻고 깊이 생각한 후에 답해보라. 열심히 사는 것 말고 무엇을 더해야 하는가? 새로운 기술을 습득하는 것은 어떨까? 기술로 새로 좋은 직업을 가질 수도 있겠지만, 결국 지금의 연장일 뿐이다. 등산을 열심히 하면 어떨까? 건강에는 좋을 것이다. 하지만 육체운동이 뭐가 그리 중요할까! 학원에 가서 영어를 배우면 어떨까? 여러모로 도움이 되긴 하겠지만, 당장 영어를 쓸 일이 없다면 급하게 배울 이유도 없다. 좀 더 획기적인 일을 해야 한다. 인생에서 당장 생활비를 버는 일 외에 가장 중요한 것이 있다. 무엇일까? **그것은 바로 운을 버는 것이다. 쉽게 말해 좋은 운을 만드는 것이다. 삶이 획기적으로 바뀌려면 새로운 운명이 들어와야 한다. 가던 길만 꾸준히 가면 인생은 계산된 범위 내에서만 존재한다.**

가난한 사람은 평생 큰돈을 벌지 못한다. '생존'에서 '안정'을 거쳐 '여유'에 이른다 해도 조금 나은 생활일 뿐이다. 이로써 만족하는가? 어떤 사람은 욕심내지 말고 분수에 맞게, 소박하게 살라고 말한다. 그러나 모두 그 얘기에 동의할 수는 없을 것이다. 사람이 위기에 처했을 때는 당연히 욕심내지 말고 인내하며 소박하게 살아도 된다. 그러나 시시하게 사는 것이 인생의 목표가 될 수는 없다.

이왕 돈을 벌고 살려면(산에 들어가 도를 닦을 것이 아니라면) 크게 벌고 대단한 인생을 살아야 하지 않겠는가! 그저 되는 대로 살다가 간다면 인생이 너무 아깝지 않은가! 크게 되어서 멋진 경험을 하며 사는 것은 욕심도, 허영도 아니다. 인생에서 할 일은 딱 2가지로 압축된다. 일단 생존을 하고, 그다음엔 크게 성공하는 것.

성공은 여러 가지 형태가 있겠지만 여기서는 평범한 사람의 일반적인 성공을 말한다. 성직자나 도인이 되어 세상을 등질 것이 아니라면 포부를 갖고 '크게 되라'는 이야기다. 그냥 열심히 해서 이룩할 수 있는 것이 아니다. 오로지 큰 운을 잡아야 가능하다. 인생에 주어진 시간 동안 할 수 있는 일을 하고, 그 외에는 운을 크게 일으키는 데 써야 한다. 운을 잡고 운을 벌고 운을 찾아라. 좋은 운을 최대한 많이 만들고 끌어모아서 굉장한 인생을 살아보라는 것이다. 힘들 때 분수를 지키고 자족하는 것은 일시적인 대처일 뿐이다. 현재 가난하고 약한 인생을 살고 있다면 운명을 만들어서 고칠 수 있다.

━ 새로운 운을 잡는 법

대부분의 사람은 운은 정해진 것이니 어쩔 수 없다고 말한다. 운을 새롭게 만든다는 것은 과연 불가능할까? 아니다. 운이란 얼마든지 만들 수 있다. 착하게 살고 열심히 일만 해서는 안 된다. 운을 개선하기 위한 행동을 직접 실천해야 한다. 운을 개선하려는 노력이 없다면 이는 사는 것이 아니라 살아지는 것에 불과하다. 그저 놓여 있는 길을 가는 것뿐이다.

운을 만들어보겠다고 마음먹으면 얼마든지 그렇게 할 수 있다. 게으름, 패배주의, 수동적이고 소극적인 태도는 인간답지 않다. 주어진 대로 사는 동물과 무엇이 다른가? 인간은 운명마저 바꾸어가면서 살 수 있는 존재다.

어떻게 하면 운명을 좋은 방향으로 바꿀 수 있을까? 먼저 운을 고쳐야겠다고 생각하면 세상은 순식간에 달라진다. '이런 짓을 하면 운이 좋아질까, 나빠질까?' 이 질문을 기준으로 삼고 살아보라. 차츰 깨달음이 올 것이다. 가령, 쓰레기를 몰래 버리는 행위를 계속하면 운이 좋아질까? 스스로 판단해볼 일이다. 돈이 아까워서 항상 남에게 신세 지고 살면 운명에 이익이 있을까? 겸손하고, 친절하고, 명랑하고, 주위 사람들을 자주 돕고, 헌신적이면 하늘이 좋아할까, 싫어할까? 사기 치고 도둑질을 일삼는데도 들키지 않으면 이는 운이 좋은 것일까? 아무렇게나 막살아도 운이 좋아질까? 스스로에게 묻고 답해보라.

운을 개선하는 최고의 방법은 '운을 좋게 하는 짓'을 찾아서 하는 것이다. 스스로 생각하면 다 알 수 있는 것들이다. 우리는 태어날 때부터 이미 인간이 해야 할 일과 해서는 안 될 일을 어느 정도 안다. 거짓말을 자주 하면 운이 좋아질까? 남의 권리를 슬쩍 뺏는다면? 번번이 약속을 어기면? 누구나 답을 안다. 단지 생각해보지 않아서 스스로 모른다고 믿는 것뿐이다. 누구나 운명을 좋게 만드는 방법을 이미 알고 있다.

운의 영토를
넓히는 법

운명의 구조를 좀 더 자세히 들여다보자. 누구나 하루를 보내고 다음 날을 맞이한다. 이것은 죽을 때까지 계속된다. 그래서 사람은 생각한다. 운명(미래)은 정해져 있으며 기찻길처럼 이어져 있다고. 그러나 여기서 좀 더 구체적으로 생각할 것이 있다. 기차의 경우라면 다음 정거장이 정해져 있고, 그 길을 따라간다. 운명도 이와 비슷한 면이 있기는 하다.

하지만 우리가 타는 기차는 한 대가 아니라 여러 대다. 우리는 그 모든 기차에 타고 있다. 어떻게 여러 기차에 동시에 타느냐고? 앞에서 운명이 실타래와 같다고 설명했다. 미래로 길게 이어지고 있는 실은 한 가닥이 아니라 여러 가닥이다. 여러 가닥이 동시에 풀려 나아가고 있다.

예를 들어보자. 요즘 들어 인간관계가 나쁘다. 그런데 건강은 좋은 것 같고 수입도 좋다. 그리고 자식이 속 썩이는 중이다. 이외에도 무수히 많은 일이 현재에 나타나고 있다. 이처럼 운명은 실 한 가닥이 아니라 여러 가닥의 다발이다. 어떤 실은 끊어져 없어지기도 하고 어떤 실은 새로 나타나기도 한다. 대개 나이가 들어가면서 운명의 실은 점점 가닥 수가 줄어든다. 어린 시절에는 커나가면서 운명의 실이 많아진다.

사람마다도 달라서 어떤 사람들은 운명의 실이 몇 가닥 안 될 수도 있고 또 어떤 사람은 가닥이 아주 많아서 복잡한 인생을 살기도 한다. 이것이 운명의 모습이다. 운명은 길기도 하지만 넓기도 하다(실타래가 수없이 많은 가닥으로 이루어진 경우). 이 운명들이 다 섞여서 평균적으로 나타나는 것은 아니고, 각각의 가닥이 따로따로 이어져갈 뿐이다.

운명을 개선한다는 것은 어떤 특정한 한 가닥을 좋게 만든다는 뜻이 아니다. 실의 가닥 수를 늘린다는 뜻이다. 이는 없던 운을 새로 만드는 것에 더 가깝다. 운의 개선은 새로움을 창조하는 것이다. 전에는 없던 일들이 생겨난다는 의미다. 운은 넓은 사람이 있고 좁은 사람이 있다. 좁다고 나쁜 것은 아니고 그저 단순하다는 것뿐이다. 물론 넓다고 다 좋은 것 역시 아니다. 하지만 운이 다양하면 그만큼 기회가 많아지는 법이다. 이는 어떤 국가가 넓은 영토를 가진 것과 비슷하다. 운의 영토! 이것을 넓히는 것이 바로 운의 개선인 것이다.

실 한 가닥 한 가닥을 보수하는 것도 중요하지만, 아예 전체 가닥 수를 늘리는 것이 더 중요하다. 실이 한 가닥뿐이라면 끊어지기 쉽지만 여러 가닥이 모이면 전체적으로 튼튼해지기 때문이다. 이는 하나의 운명이 이웃 운명을 돕는 결과다. 우리는 이미 있는 능력을 보강하는 한편 새로운 운명을 끊임없이 개발해야 한다. 그래야 운명이 넓어지면서 총체적인 개선이 이루어진다.

― 세상에 유익을 주는
행동을 하라

운명은 서로 돕는다는 것을 절대 잊어서는 안 된다. 예를 들어보자. 사람은 몸이 건강할 때 사업도 잘된다. 왕성하게 일할 수 있기 때문이다. 사업과 건강은 별개의 운명 실 가닥이지만 건강이 사업을 도울 수 있다. 반면 사업이 나빠지면 건강에도 문제가 생길 수 있다. 그런데 만약 운명의 폭이 넓어서(실의 가닥 수가 많고 다양해서) 인생 전체가 풍부하다면 그중 하나가 무너져도 운명의 흐름에 큰 지장을 주지 않는다. 가진 것이 100개면 그중 하나가 잘못되어도 위험하지 않다는 뜻이다.

하지만 운명이 아주 단순하다면 그 한 가닥 때문에 인생 전체가 망가질 수도 있을 것이다. 튼튼하지 않은 직장 하나만 믿고 살아간다면 인생이 얼마나 위태로울까! 하는 일이 오로지 농사뿐이라면 비만 많이 와도 인생 전체가 위험해진다. 그래서 운명의 영토를 넓혀야 유리하다고 강조하는 것이다.

이제 운명 개선의 중요한 원리를 알았다. 뭔가 새로운 일을 발견해야 한다. 한편 자신이 하는 일이 잘되도록 고귀한 마음가짐을 가져야 한다. 새로운 일을 찾았다 해도 이 또한 운이 좋아야 잘될 수 있으니 마음도 함께 노력해야 한다. 마음의 노력은 곧 끊임없는 반성인데, 이는 과거를 돌아보는 것에서 시작된다. 나는 과거에 어떻게 살았나? 그래서 좋았나? 만족하지 못했다면 운명을 탓하지 말고 새로운 운명을 만들자. 안 하던 짓도 열심히 해보고, 주위 사람한테 베풀고, 모르던 것을 배우고, 나쁜 습관을 고치고, 장점이 없으면 만들고, 뭔가 끊임없이 실천해보라.

그저 '언젠가는 운이 좋아지겠지!' 하는 나태한 마음은 오히려 벌을 받을 짓이다. 씨앗을 심지 않은 논밭에서 곡식이 날 리 없다. 운명 역시 노력 없이는 절대 좋아질 수 없다. 견문을 넓히고 마음을 대범하게 고쳐야 한다. 길고 긴 인생에 아직 시간이 많다. 평소 자신의 모습을 잘 관찰하고 새로운 일에 도전해보라. 운명을 넓히고 좋게 만들려는 노력 가운데 스스로 방법을 깨닫게 될 것이다.

할 수 있는 것부터 시도해보자. 아침에 일찍 일어나는 것이 즉시 돈이 되는 것은 아니다. 그러나 늘 늦잠을 자느라 허둥지둥 출근하기 바쁜 사람이라면, 아침에 조금 일찍 일어나는 것만으로도 자신을 새롭게 만들 수 있다. 사업가가 손님에게 친절하게 응대한다면 이미 운명이 개선되는 중이다. 남에게 돈을 쓰고 베풀었다고 해서 손해가 아니다. 더 큰 돈을 들어오게 만드는 고귀한 행동이다. 별로 유익하지도 않은 SNS나 동영상을 보는 데 시간을 낭비하지 말고 책이라도 읽어서 그동안 몰랐던 새로운 지식을 쌓아야 한다. **자신을 넓히는 것이 곧 운명을 넓히는 것이고, 세상에 유익을 주는 사람이 되는 것이 운명을 좋게 만드는 가장 기본적인 조건이다.**

29

나쁜 운명의 관성에서
벗어나는 법

A는 현재 곤궁한 상황이다. 이런 상황이 언제 나아질까? 쉽게 짐작할 수 있다. 여러분이 오랜 세월 굉장히 가난했다고 생각해보자. 지금도 가난한데 앞으로는 어떻게 될까? 당연히 앞으로도 계속 가난할 것이다. 특별한 이유가 없는 한 운명은 개선되지 않는다. 뉴턴이 정리한 '운동 제1 법칙', 즉 '관성의 법칙'을 알 것이다. 자연 현상은 특별한 이유가 없는 한 현재 상태를 유지하려는 힘(관성)이 있다는 것이다. 그러니 곤궁한 운명은 그냥 놔두면 그대로 나빠질 뿐이다.

B는 지난 긴긴 세월 동안 편안하게 살았다. 그런데 요즘 와서

점점 경제적으로 어려워지고 있다. 앞으로는 어떻게 될까? 더 나빠진다. 만물의 법칙은 극한에 이르면 변하는 법이다. B는 좋은 세월이 끝나가는 중이다. 또 C는 과거에는 좋았는데 한동안 나쁘게 지내다가 요즘 약간 잘되는 기미가 보인다. 어떻게 될까? 크게 잘될 것이다. C는 운명의 불씨가 살아 있다. 잠시 주춤했던 세월이 변하고 다시 좋은 운이 오는 중이다. D는 과거에 인생이 아주 힘들었다. 그런데 요즘 왠지 모르게 조금씩 좋아지는 중이다. 그는 어떨까? 점점 더 잘될 것이다. 드디어 D는 좋은 운명을 만난 것이다. 이렇게 짐작하면 거의 틀리지 않는다. 더욱 자세하게(점쟁이처럼) 알고 싶다면 경험과 공부가 더 필요하다.

패턴을 읽으면
운명이 보인다

비슷하지만 다른 예를 살펴보자. E는 과거에 연애를 별로 해본 적이 없었지만, 결혼해서 그동안 순탄하게 잘 살아왔다. 그런데 요즘 조금씩 부부 사이가 나빠지는 것 같다. 앞으로는 어떨까? 이제 본격적으로 나빠질 것이다. E는 그동안 너무 단순하게 살았기 때문에(사랑에 관해서는) 나쁜 운명에 대한 면역력이 약하다. 그래서 조금만 나빠져도 회복이 잘 안 되고 점점 더 나빠진다.

F는 과거에 연애를 많이 해봤고(여러 사람과 만나보았고) 어렵게 결혼해서 살고 있다. 그런데 마찬가지로 갑자기 관계가 소원해지고 곤궁해졌다. F의 앞날은 어떨까? 걱정할 필요가 없다. 머지않아 다시 운이 살아날 것이다. F는 시련에 대한 면역력이 강하기 때문에 여간해서는 무너지지 않는다. G는 과거에 이성에게 고백을 많이 해봤지만 번번이 실패했고(거절당하거나 차이고) 어쩌다 잘되어도 사귀는 기간이 아주 짧았다. 그런 G가 오늘날 상황이 안 좋다면 앞으로 어떻게 될까? G는 점차 운이 더 나빠질 것이다. 한편 H는 연애를 많이 했고 대부분 성공적으로 만남을 이어갔다. 아마도 H는 운도 좋고 능력도 있으며 매력적인 사람일 것이다. 그런 경우라면 지금 일시적으로 어려워졌다 하더라도 반드시 고난을 극복할 것이다.

운명의 흐름은 연애의 흐름과 비슷하다. 연애라는 것은 남녀가 만나 서로에게 집중하면서 최선의 역량을 발휘해야 한다. 그래서 영혼의 힘이 깊이 관여한다. 여담이지만 연애의 성립은 주역의 괘상으로 택산함(澤山咸)인데 이것은 악운이 사라진다는 의미가 있다. 때문에 새로운 연애 상대가 생겼을 때 그 이후에 사업이 잘되거나 진급을 했다면 그 상대방은 여러분의 운명에 도움을 주는 사람이다.

앞으로의 운명을 알려주는
10가지 질문

과거를 살펴보자. **여러분은 사람들과 만날 때 필요한 경비를 얼마나 지불했는가?** 주로 여러분이 냈는가, 상대방이 냈는가? 항상 남이 사주는 것만 얻어먹었다면 당신의 운은 언젠가는 반드시 나빠질 것이다. 현재 곤궁한 상황이라면 바로 그 대가가 마침내 도래한 것이다. 특히 남성의 경우 데이트 비용을 여성에게 부담시키는 것은 운명적으로 손해가 크다. 아무리 양성평등 시대라지만 여성에게 얻어먹고 다니는 남성은 미래에 빚을 지게 되고 건강도 급격히 악화될 것이다. 데이트 사기꾼(옛날에는 '제비'라고 불렀다)은 여성에게 데이트 비용을 전가하고 돈을 갈취하기도 하는데, 이런 사람은 평생 곤궁하고 말년에 중병에 걸리며 자식까지 운이 나빠진다.

현재가 곤궁하다면 그러한 상황은 앞으로도 계속 이어질 확률이 높다. 과거를 살펴보면 그의 미래도 어느 정도 짐작할 수 있다. 주변 사람들에게 항상 인기가 있는 사람은 하늘이 돕는 사람으로 당연히 앞으로도 운이 좋아질 것이다. 반면 평생 인기가 없고, 있는 듯 없는 듯 존재감마저 없는 사람이라면 그의 운명은 점점 사그라지고 말년이 아주 고독해진다.

남에게 선물 한 번 준 적이 없거나, 주더라도 아까워하며 쪼잔

한 선물을 했던 사람이라면 미래에 결코 좋은 운을 기대할 수 없다(뿌린 게 없으니 돌려받을 것도 없다). 행운은 절대 오지 않을 것이다. 남의 돈을 떼어먹은 사람은 반드시 큰 사고를 당하고 미래에 재정이 파탄 난다.

현재 점점 가난해지고 있다면 불운이 시작되는 것으로 봐야 한다. 한때 부자였으나 평생 남을 업신여기거나 베풀지 않고 돈을 아낀 사람은(스스로가 안다) 한번 나빠지면 그것이 회복되지 않는다. 점점 더 깊은 수렁으로 빠져 화려했던 과거는 마침내 모두 무너질 것이다. 겨우 돈을 지키더라도 병이 들어 모든 것이 파괴될 것이다.

당신은 살면서 남을 도운 적이 있는가? 밥은 사준 적이 있다고? 그 정도는 남을 도운 것이 아니다. 자기 자신을 위해 최소한의 돈을 쓴 것뿐이다. 그런 사람이라면 부자 되기는 포기하라. 당신의 영혼은 스스로를 가난으로 이끌 것이다. **당신은 살면서 얌체 짓을 한 적이 있는가?** 얌체가 무슨 뜻이냐고? 얌체는 부끄러움을 모르는 사람이다. 자신의 이익을 위해 남에게 슬쩍 불이익을 떠넘기는 것 등을 말한다. 불법 주차, 새치기, 알 박기 같은 것도 얌체 짓이다. 얌체는 뺀질이(뻔뻔한 놈)보다 더 나쁘다. 일종의 사기꾼인데, 이런 사람은 어쨌건 평생 큰돈을 못 만진다. 겨우 살아갈 뿐이다.

종종 얌체 짓을 하며 살아왔다면 당신은 지금 곤궁하거나 제법 편안하다 해도 운명이 점점 더 나쁜 쪽으로 기울어갈 것이다. 악마는 얌체를 좋아한다. 그래서 얌체 짓을 하면 할수록 재수도 없어진다. 그보다 더해 사기를 친 적이 있다면(지인에게 투자를 권유해 망하게 하거나, 돈을 빌린 후 갚지 않은 것 모두 사기다) 곧 일생의 업적이 한순간 사라지는 액운을 만날 것이다. 사기는 주역의 괘상으로 산풍고(山風蠱)인데, 이는 무너지고 벌레가 갉아먹는 것을 뜻한다. 사기꾼은 반드시 그런 운명을 맞는다.

배신도 비슷하다. **당신은 누군가를 배신한 적이 있는가?** 상대방이 나쁜 놈이라서 어쩔 수 없이 떠났다고? 그것은 변명일 뿐이다. 배신과 결별(헤어지는 것)은 다르다. 배신은 남을 속이고 자기만 슬쩍 빠져나가는 것이다. 사람과 사람이 헤어질 때는 어느 정도 예고도 하고 절차도 밟는다. 슬쩍 빠져나가 상대방을 떠나면 배신이다. 배신에 대한 응징은 반드시 돌아온다. 그러니 당신도 어느 날 배신을 당해 하루아침에 무너질 수 있다.

당신의 과거를 통해 미래를 보기 위한 것이니 질문이 많다고 투덜거리지 말라. **당신은 평생 자랑할 만한 좋은 일을 한 적이 있는가?** 가장으로서 식구들을 잘 먹여 살렸다고? 물론 훌륭하지만, 그런 일은 사자도 하고 새도 하고 쥐도 한다. 그것은 단순한 본능일 뿐이다. 여기서 묻는 것은 남을 위해 자랑할 만한 일을 했는가다. 그런 일이 한 번이라도 있었다면 당신의 미래는 좋을 것이다. 전혀 없다면 당신의 미래는 위태롭기 그지없다. 현재 가난하고 어려운 상황이라면 그것이 속수무책으로 길어질 것이다.

질문을 이어가자. **당신은 과거의 어느 한때라도 한 번쯤 빛나는 순간이 있었는가?** 그런 적이 한 번도 없었다고? 그렇다면 당신은 별볼 일 없는 사람이다. 과거에 한 번도 영광이 없었다면 미래도 그럴 확률이 높다. 수준을 낮춰보자. 당신은 평생을 살면서 표창장이나 감사장을 받아본 적 있는가? 그 역시 한 번도 없었다면 당신은 확실히 별 볼 일 없는 사람이다. 미래도 별수 없을 것이다.

당신은 여행을 많이 해봤는가? 그렇지 않다면 당신의 영혼에는 찌꺼기가 많아서 활동력이 크게 제한받을 것이다. 영혼이 활발하지 못하면 운명도 쇠퇴하는 법이다. 지금의 곤경은 시작일 뿐이다. 당신은 고향 밖으로 나가본 적이 있는가? 없다면 큰일이다. 좋은 운이란 멀리서 찾아오는 법인데 왜 집구석에만 있는가? 영혼의 환기가 전혀 되지 않으니 결국 곤란한 시절이 올 것이다. 물론 고향이 제법 큰 도시라면 괜찮다. 하지만 사람은 언제나 더 넓은 곳으로 나아가야 운명에 이롭다. '말은 제주도로, 자식은 서울로 보내라'는 옛말이 그런 뜻이다.

당신은 과거에 취미생활을 해봤는가? 잠깐 해본 것 말고 어느 정도 지속적으로 재미있게 해봤는지를 묻는 것이다. 좋은 취미를 개발해본 적이 있다면 당신의 영혼은 부드럽고 집중력이 높다. 따라서 운명에도 여유가 있다. 현재 어려움에 부딪혔다 하더라도 곧 해결될 것이다. 마땅히 취미생활이라는 것을 해본 적이 없다면 이는 매우 좋지 않은 상황이다. 영혼에 여유가 없고 외곬이어서 당연히 운명도 위축될 수밖에 없다. 현재 곤궁하다면 헤어날 수 없을 것이다.

당신은 지식 수준이 넓고 깊은가? 이것저것 경험을 통해 얻은 것, 들은 것이 많은지를 묻는 질문이다. 그렇다면 당신은 여간해서는 무너지지 않는다. 현재 어려운 일이 있더라도 일시적일 뿐이다. 당신은 과거에 고난이 닥쳤을 때 그것을 박차고 일어나 극복한 경험이 있었나? 만약 그런 경험이 전혀 없었고 지금 처음 그런 일이 닥쳤다면 당신은 망하고 있고 거기에서 벗어나지 못한다. 공자가 주역에서 이렇게 말했다. "군자는 쉬지 않고 자기 자신을 강하게 만든다." 당신의 과거가 고난 극복의 연속이었다면 이로써 당신은 강한 사람이 되어 있을 것이다. 그렇다면 지금 난관에 봉착했다 하더라도 큰 문제는 아니다. 강하다는 것은 하늘의 기운인데, 이는 언제나 새롭게 창조할 힘이 있다는 뜻이다. 강한 사람, 즉 힘이 있는 사람은 반드시 새로운 운명을 창조할 수 있다.

당신은 살면서 누구를 존경해본 적이 있는가? 있다면 희망적이다. 남을 존경한다는 것은 존경받는 것과 마찬가지로 위대하다. 하늘이 그에 대한 보상을 줄 것이다. 물론 존경하는 사람에 대해 구체적으로 존경심을 표현하는 행위를 했을 때를 얘기하는 것이다. 말로만(혹은 마음으로만) 그랬다면 하늘로부터 보상받는 일은 없을 것이다. 하늘은 당신을 사랑하지만 실제로는 아무것도 주지 않는다는 뜻이다.

30

과거가 형편없으면
미래도 마찬가지다

만약 당신이 과거에 특별히 자랑할 만한 일을(남에게 도움을 준일) 한 적이 없고, 사람도 많이 만나보지 못했고, 이기적으로 얌체 짓을 많이 했고, 공부도 많이 안 했고, 친구도 없고(동창생이 많은 것은 제외다), 견문도 좁고, 생활하는 영역도 좁고, 큰 성공을 해본 적도 없고, 남이 볼 때 훌륭한 인생이었다고 말할 수 없고, 강하지도 못했다면 당신은 무엇을 기대할 수 있을까? 좋은 운명을 기다린다고? 기다릴 필요 없다. 오지 않는 행운을 기다리는 것은 그 자체로이미 재난이다. 남을 속일지언정(나쁜 짓이지만) 자기 자신을 속여서는 안 된다. 자기 눈을 가리고 사는데 뭐가 보이겠는가!

자신의 미래는 양심적으로 판단해야 한다. 과거가 뻔하다면 미래인들 잘될 일이 있겠는가! 여기에 반대 의견을 말할 사람도 있을 것이다. 평생 고생하다 마지막에 잘되는 사람도 많지 않느냐고. 이는 우스운 이야기다. 끝에 가서 잘된 사람들은 그만큼 과거를 훌륭하게 보내왔다. 과거가 형편없으면 미래도 마찬가지다.

━ 인간관계의 미래를 보여주는
8가지 질문

당신은 사람을 많이 만나봤는가? 이는 여러 분야의 사람을 말한다. 동네 사람, 회사 사람 등 특정 영역의 사람만 많이 만났다면 이는 별것 아니다. 사람을 폭넓게 많이 만나봤느냐를 묻는 것이다. 다양한 사람을 만난 적이 별로 없다면 운명 역시 편협하다. 운명의 힘이 약할 수밖에 없다. 우리의 영혼은 사람을 만날 때 크게 활성화되는 법이다. 이것은 양의 본성이다. 늘 만나는 사람, 뻔한 사람만 만났다면 영혼이 시들해진다. 이런 사람이 고난을 당하면 쉽게 헤어나올 수 없다. 과거를 계속 캐물어 미안하다. 하지만 과거를 잘 살펴보면 거기에서 미래의 그림자가 보이기 때문이다. 관상은 과거의 모양까지 살피는 작업이다. 질문을 조금 더 이어가자.

당신은 친구가 많은가, 적은가? 많다고? 당신만 그렇게 생각하는 것은 아닌가? 상대방과 그저 알고 지내는 것은 제외하고, 타인이 당신을 진정한 친구로 여기는지 생각해보라(당신을 도와준 사람이 아니라 당신이 도움을 준 사람이 당신의 친구다). 그런 관계가 현재까지도 유지되는지를 살펴보자. 만약 당신이 과거에 친구가 많았고 지금도 잘 유지되고 있다면 당신의 운명은 아주 튼튼할 것이다. 사람이 곧 하늘이라고 했다. 사람과의 소통이 많다는 것은 하늘과도 소통이 잘된다는 뜻이다.

당신은 사회적 신분이나 지위가 높은 사람을 직접 만나본 적이 있는가? 악수 한 번 해본 정도가 아니라 마주 앉아본 적이 있는가를 묻는 것이다. 그런 일이 있었다면 당신의 운명은 강하다. 현재 조금 어렵고 곤란한 일에 처했다 해도 곧 해결될 가능성이 높다. 시시한 사람은 평생 시시한 사람만 만나게 되는 반면 제법 힘이 있는(운명의 힘) 사람은 종종 높은 사람을 만난다. 사람의 지위, 신분, 위아래 같은 표현이 불쾌할 수도 있겠지만, 운에 관해서는 운명의 힘이 강한 사람과 만나는 것 자체가 나의 운명에도 좋은 영향을 준다.

당신은 고귀한 사람(그의 지위가 높든 낮든)을 만나본 적이 있는가? 한 번도 없다고? 그렇다면 당신은 좋은 운명에서 소외된 사람이다. 내가 귀한 사람이 될 운명이라면 종종 귀한 사람도 만나게 되는 법이다. 과거에 그런 적이 한 번도 없었다면 당신의 운명은 앞으로 더

척박해질 확률이 높다. 다시 한번 강조하지만 과거는 미래의 거울이다. 당신의 과거를 필사적으로, 낱낱이 돌아보라. 그리고 거기에서 미래의 단서를 찾아야 한다.

과거의 대인관계를 물어보자. **당신은 항상 이기고만 살았나?** 그렇다면 이제 당신은 지는 길에 들어섰다. 과거에 많이 이긴 사람은 이기적이고 양보가 없는 삶을 살았다. 그렇다면 앞으로는 자주 패배하는 것이 자연의 법칙이다. 뉴턴의 운동 제3 법칙, 즉 '작용 반작용의 법칙'인 것이다. 이 법칙에 의하면 자연의 모든 것은 특별히 남는 장사(?)가 없다. 준 만큼 받고 빼앗은 만큼 돌려주어야 한다.

당신은 약속을 잘 지키는 편인가? 당신이 생각하기에는 약속을 잘 지켰다고? 얌체 같은 생각이다. 약속이란 상대방의 입장에서 애써 기억하고 반드시 지켜야 하는 것으로 인격의 중요한 부분을 반영한다. 신은 약속을 잘 지키는 존재다. 약속만큼은 목에 칼이 들어와도 지키는 사람이 있다면 그는 다른 면이 약간 부족하더라도 미래가 절대 무너지지 않는다. 약속이란 주역의 괘상으로 간위산(艮爲山)인데 이는 산처럼 튼튼하다는 뜻이다. 약속을 철저하게 지키는 사람은 운명이 산처럼 튼튼해진다. 반대로 약속을 번번이 어기는 사람은 미래가 보장되지 않는다. 장래희망이나 꿈, 목표도 이루어지지 않는다.

거짓말은 어떤가? 당신은 과거에 거짓말을 많이 했는가? 아니라고? 일단 그 대답이 거짓말이다. 과장도 거짓말이고 모른 척도 거짓말이다. 남이 오해할 때 정정하지 않고 그냥 넘어가는 것도 거짓말이다. 여기서 묻는 것은 마음의 의도가 아니라 행위다. 거짓말을 쉽게 했다면 당신 자신도 악마에게 속아 일생을 망칠 수 있다.

당신은 과거에 사람을 많이 미워하고 화를 많이 냈는가? 그렇다면 이제 당신이 미움을 받을 차례다. 남에게 화를 많이 내며 살아온 사람은 사고당할 확률이 높다. 현재 힘든 상황이라면 앞으로 더 큰 사고를 경계해야 한다. 한편 남에게 많이 베풀어서 손해 본 적이 있다면 당신은 그것을 하늘로부터 돌려받을 것이다.

하늘은 마음이 착한 사람보다 행동이 착한 사람에게 복을 밀어준다. 착한 마음이란 가정일 뿐 실제 우주 현상에 아무런 영향을 주지 못한다. 오로지 실천이다. 따라서 당신이 과거에 남을 많이 칭찬하고 도왔다면 그 보상은 당신에게 돌아온다. 강태공의 말처럼 선을 저축한 사람은 반드시 남은 경사가 있다. 당신이 과거에 남이 칭찬할 만큼 훌륭하게 살았다면 앞으로도 잘 될 것이다. 현재 좋은 상태라면 더 좋아질 것이고 힘든 상황이라면 이는 해결될 것이다.

공자 역시 이렇게 말했다. "40세에 이르렀는데도 일컬어질 것이 없는 사람은 이미 틀렸다." 물론 공자는 2,500년 전 사람이니 현대인으로 치면 40세가 아닌 60세라고 해야 할 것이다. 하지만 그게 그거다. 긴긴 과거 동안 별 볼 일이 없었다면 미래도 기대해서는 안 된다. 운명이란 하늘에서 뚝 떨어지는 것이 아니라 계속 이어지는 선 위에서 이루어진다. 봄에 씨앗을 심지 않았다면 가을에 아무리 기다려도 소용없다. 그러므로 지금 이 순간을 잘 보내야 한다. 현재가 곧 미래이기 때문이다.

열심히 잘살고 있다고? 태만한 사람들이나 하는 이야기다. 누군들 열심히 살고 있지 않겠는가! 제대로 열심히 살아야 한다. 제대로! 이것이 중요하다. 그럭저럭 살아가는 사람에게는 결코 행운이 깃들지 않는다.

▬ 마지막 질문,
어떤 사람이 되고 싶은가?

마지막 질문이다. 이것 역시 당신의 과거를 단번에 알아낼 수 있는 질문이다. 현재의 포부는 과거의 행적으로부터 생겨나기 때문이다. 질문은 이것이다. **당신은 어떤 사람이 되고 싶은가?** 과거가 어떻든 이제부터의 미래를 묻는 것이다. 부자가 되고 싶다고? 당신은 부자가 될 수 없다.

누구나 부자가 되고 싶어 하고, 이 세상에서 부자가 되는 것이 가장 어렵다. 그런데도 당신은 부자가 되고 싶은가? 그 생각은 방금 한 것인가, 아니면 원래부터 해왔나? 예전부터 부자가 되기를 꿈꿨다면 어째서 지금까지 그것을 이루지 못했는가? 아직 노력 중이라고? 과거에도 노력은 했을 텐데, 지금 와서 왜 다시 하겠다는 것인가? 똑같은 일을 반복할 뿐인데 효과가 있겠는가? 과거에는 실패했지만 미래에는 반드시 성공할 것이라고? 좋다. 부자가 되는 구체적인 방법을 생각해보았는가? '어떻게 되겠지?' 하는 생각은 너무 뻔하다. 미래는(과거도 그랬듯이) 스스로 힘들게 만드는 것이지 막연한 기대를 품는다고 저절로 되는 것이 아니다. 막연히 기대를 품으면 오히려 더 나빠진다. 그럴듯한 노력을 하고, 가능성 있는 계획을 세워 실천하면서 미래를 꿈꿔야 한다.

앞서 이야기했듯이 **운명은 갑자기 출현하는 것이 아니라 꾸준히 쌓인 힘이 마침내 결실을 이루는 것뿐이다. 화산폭발이나 지진도 이런 식으로 발생하지 않는가. 그러니 운의 발생은 참으로 오래 걸린다. 이런 것까지 감안해 미래를 꿈꿔야 한다.** 그렇다면 복권에 당첨되는 사람은 무엇인가? 그 사람은 갑자기 복이 쏟아진 것이 아니냐고? 그렇지 않다. 복권의 당첨자는 그럴 만한 자격이 있는 사람으로, 이는 하늘이 판단하는 영역이라서 사람 눈에는 잘 보이지 않는다.

당신은 어떤 사람이 되고 싶은가? 이 질문은 '어떤 사람이 될 것 같은가?'를 포함한다. 불가능한 소망은 오히려 자신을 망친다.

헛된 꿈을 계속 꾸게 만들기 때문이다. 인생이란 실천이고 우주 대자연의 법칙은 준비된 것만 나타난다. 모든 것은 연결되어 있다. 오늘의 나는 어제 내가 한 행동의 결과다. 현재는 과거의 결실이고 미래도 마찬가지다.

미래의 소망을 조금 낮추어서 대답해보라. 무엇이 있을까? 무엇이 가능할까? 이것은 점쟁이한테 물어봐도 소용없다. 하늘이 절대적으로 당신만 특별히 사랑할 이유는 없다. 하늘이 나를 사랑한다는 말은 내가 죄짓지 않고 세상을 이롭게 하는 유익한 행동을 해서 공을 세우면 상을 받는다는 뜻일 뿐이다. 하늘이 부당하게 인간의 일에 관여하는 법은 없다.

자신이 장차 어떤 사람이 되고 싶은가를 계속 생각해보라. 나이에 따라 다를 것이다. 어떤 포부는 가져야 할 것이고, 또 어떤 꿈은 포기해야 한다. 내 지인은 84세인데 미래에 부자가 되는 꿈을 꾸었다. 그는 과거도 현재도 별 볼 일 없는 사람이었는데 꿈만 컸던 것이다. 그래서 행복했다면 그것 또한 꿈속의 행복이다. 우리는 지금 실제 일어날 좋은 운명을 기대하는 중이다. 계속 생각해보고 미래를 확실히 예측하는 힘을 길러야 한다. 운명이란 실제로 일어나는 사건이라는 점을 절대 잊지 말자.

31

위대한 꿈을 이루고
세상에 감동을 주는 사람들

얼마 전 뉴스에 미국의 한 할머니 이야기가 나왔다. 104세 할머니가 해발 3,000m 상공에서 뛰어내렸다는 것이다. 물론 낙하산을 착용했기 때문에 무사히 내려왔다(할머니는 젊은 시절 스카이다이버였다고 한다). 104세의 나이에 고공낙하를 시도한 것도 대단하고, 무사히 착지에 성공한 것도 참으로 대단하다. 이 할머니는 가족들의 만류에도 기필코 하늘에서 뛰어내리고 말았다. 우리나라에서라면 비행기도 못 탔을 것이고, 가족들이 외출조차 말렸을 것 같다. 그런데도 그 할머니는 용기 내어 그런 대단한 도전을 해냈다.

그 일이 있고 며칠 후에 할머니는 사망했다. 고공낙하 후유증으로 사망한 것은 아니었다. 할머니는 그저 자연스럽게 수명을 다하고 편안히 죽었다. 아마도 살날이 얼마 남지 않았음을 직감했을 것이다. 그래서 죽기 전에 무엇인가 뜻있는 일을 했을 것이다. 평생을 스카이다이버로 활동하고 은퇴했지만 다시 한번 하늘을 날고자 했고 그것을 실행해 성공했다. 이 할머니는 행복하게 웃으며 생을 마감했을 것이고 인류에게 용기와 의지를 보여주었다. 할머니는 '내 나이가 몇인데…' 하고 망설이거나 엄살 부리는 사람들에게 인생은 참으로 길고 의지만 있다면 얼마든지 많은 일을 할 수 있음을 몸소 증명했다. 불굴의 의지로 자기실현을 이룩한 이런 정신은, 나이를 불문하고 누구나 본받아야 마땅하다.

━ 뜻있는 일을 완성하는
역동적인 인생

각 분야에 이런 인물들이 종종 있다. 그들은 스스로 위대한 꿈을 이루며 사람들에게 감동을 준다. 무엇이 가장 위대한지 정답은 없겠지만, 세상에 위대한 삶은 분명히 있다. 인간으로 태어나서 동물처럼 그저 살다가 가는 것이 전부라면 무엇인가 허전하지 않겠는가! 여기서 철학이나 종교를 논하자는 것은 아니다. 다만 우리가 인간인 이상 동물과 다른 그 무엇이 있어야 한다는 것이다.

여러분은 어떠한 사람이 되고 싶은가? 돈 많이 벌고 재미있게 살다가 죽으면 끝인가? 특별히 위대한 사람이 되라는 것이 아니다. 스스로 보람 있는 삶이면 그것으로 충분하다. 쉽게 말해 나름의 목표를 갖고 살라는 것이다. 위대한 목표일 필요도 없다. 다만 그저 '잘 먹고 잘사는' 것이 전부여서는 안 된다는 것이다.

에베레스트 등반이든 올림픽 금메달이든 목표를 가진 사람은 위대하고 행복하다. 사회적인 이익을 창출하는 목표도 있고, 성취 자체가 보람인 것도 있다. 이런 뻔한 얘기를 하는 이유는 삶의 역동성을 논하고자 함이다. **역동적인 인생은 강렬한 인생이다. 좋은 운명을 유도하고 싶다면 이런 것이 꼭 필요하다. 설렁설렁 세월을 소비하지 말고 힘있게, 정열적으로, 긍지를 가지고, 행복하게 살아야 한다는 뜻이다.**

화풍정(火風鼎)이란 괘상이 있다. 이것은 형상 그대로 한 송이의 꽃이라는 뜻이다. 꽃은 완성이다. 완성이라고 해서 반드시 위대할 필요는 없다. 사람은 왜 사는가? 완성을 위해 산다. 꽃 한 송이를 피우기 위해서다. 당신의 꽃은 무엇인가? 돈인가? 누구나 돈이 많으면 좋겠지만 여기서 말하는 꽃은 좀 더 뜻있는 일의 완성을 의미한다. 부잣집에서 태어나 뜻 없이 사는 사람도 많다. 돈은 인생에 필요조건일 뿐 충분조건은 아니다.

─ 훌륭한 인격 자체가
   이미 좋은 운명이다

역동적으로 사는 사람의 운명을 보자. 당연히 운은 이런 사람에게 따라붙는다. 하늘은 스스로 돕는 자를 돕는다는 격언이 있다. 힘껏, 정열적으로 사는 사람은 아름다운 사람이고 하늘은 이런 사람을 돕는다. 시시하게 대충 살아가는 것은 식물과 같다. 이런 사람은 영혼이 태만하고 집중력이 없어서 좋은 운명을 기대할 수 없다. 한 송이의 꽃은 단순한 결과를 말하는 것이 아니다. 애써 가꾸고 집중하여 이뤄낸 보람 있는 결과다. 비록 조그맣더라도 한 송이 꽃을 피우기 위해 산다는 것은 그 자체로 위대하다.

구체적인 목표를 가진 사람은 역동적이다. 계속해서 목표를 위해 노력하고 집중한다. 애써 이룩하고자 하는 사람은 스스로 돕는 자이고, 다소 어리석을지라도 아름답다. 한 사람은 꿈이 어부였고, 열심히 노력해서 어부가 되었다. 반면 다른 한 사람은 그냥 어쩌다 어부가 되었다. 두 사람 모두 어부지만 큰 차이가 있다. 자기 자신이 무엇이 되어가는지 항상 확인하면서 살아야 한다. '어쩌다' 혹은 '저절로'가 아니라 목표를 정하고 그것을 향해 애써 나아가야 한다.

사람에게는 인격이란 것이 있다. 아직 이렇다 할 업적을 이루지 못했어도 분명 훌륭한 사람이 있는 것이다. 예를 들어 소크라테스나 공자, 맹자 같은 성인들을 생각해보자. 그들은 인격자이고 아주 훌륭한 사람이다. 인격자란 아주 선하고, 많은 덕목을 갖춘 사람이다. 이런 사람이 되는 것 역시 인생의 목표가 될 수 있다. 부귀영화나 권력, 명예도 가치 있지만, 훌륭한 인격은 그보다 더 가치 있다. 소크라테스는 가난했지만 당대 여느 부자보다도 가치 있는 삶을 살았다.

그렇다면 소크라테스는 좋은 운명을 가졌을까? 아무 죄도 없는데 옥에 갇히고 사형을 당했는데도? 하지만 소크라테스를 불운하고 불행한 사람이라고 말할 사람은 아무도 없을 것이다. 그는 위대했고 행복했고 운도 좋았다. 가장 중요하고 가장 어려운 목표를 완성했기 때문이다(그의 철학적, 사상적 성취는 구체적으로 논하지 않겠다). 나는 그가 세상에서 가장 운이 좋았던 사람 중 하나라고 본다. 훌륭한 인격을 가졌다는 것 자체가 이미 좋은 운명이다. 부단한 노력이 있었겠지만, 그 노력이 결실을 거둔 것 역시 분명 좋은 운이다. 노력이 모두 결실이 되는 것은 아니다. 반드시 운도 따라야 하는 법이다. 위대한 사람에게는 돈 이상의 목표가 있다. 그리고 그런 사람에게 운이 따르는 것이 자연의 섭리다.

만약 악한 사람이 복을 받는다면 세상은 유지될 수 없을 것이다. 인격자는 분명 운이 좋을 수밖에 없다. 인격이라는 것이 공익적이기 때문이다. 인격자는 다름 아닌 세상을 돕는 자다. "성인은 천지화육을 돕는다."는 말이 있고, "성인이 나면 그 이익은 곤충에까지 이른다."는 말도 있다. 인격자가 많으면 세상은 살기 좋은 곳이 된다. 그래서 인격자는 좋은 운도 따르는 법이다. 좋은 세상을 만드는 사람에게 하늘이 복을 주는 것은 당연한 이치다.

강하고 착한 사람이 되고자 하는 마음의 노력

여기서 우리는 운명을 개발하는 하나의 중대한 비결을 얻는다. 다름 아닌 착한 사람, 훌륭한 사람, 인격자가 되는 것이다. 사악한 사람, 범죄자, 나쁜 놈, 싹수가 없는 놈이 잘될 일은 없다. 노력도 중요하지만, 노력에 운까지 받쳐주려면 그 사람의 됨됨이가 아주 중요하다. 내가 이런 말을 하면 어떤 사람들은 이렇게 되묻는다. "사람 됨됨이가 뭐 그리 중요합니까? 부자들은 다 나쁜 놈인데도 부자가 되지 않았습니까?" 그렇지 않다. 물론 부자 중에도 악한 사람이 있을 것이다. 그러나 부자가 전부 다 나쁜 사람인 것은 절대 아니다. 착한 부자도 있는 법이다. 그렇다면 가난한 사람은 다 착한 사람인가? 그것 역시 그렇지 않다. 가난한 사람 중에도 나쁜 사람이 있을 수 있다. 부자가 되려면 악한 사람이 되어야 한다는 말은 아주 사악한 말이다. 이는 하늘도 악하다고 말하는 것과 같다.

반드시 알아둘 것이 있다. '착하다'는 '약하다'가 아니다. 흔히 약하고 힘없는 사람을 착한 사람이라고 말하기도 한다. 그러나 이런 사람은 그저 약해서 남에게 피해를 줄 능력이 없는 것뿐이지 인격자는 아니다. 그래서 운도 좋지 않다. 길게 논할 필요도 없다. **하늘은 강한 사람(스스로 돕는 자)과 착한 사람(남에게 이익이 되는 자)을 돕는다.**

그러므로 운명이 좋아지려면 우선 사람 됨됨이를 고쳐야 한다. 인격자는 영혼이 올바른 사람을 의미하므로 영혼이 올바르면 좋은 운명을 이끌어낼 힘이 있다. 그러니 우리는 운명을 고치기 위해 무엇보다도 마음 깊이 노력해야 한다. 잠깐 머릿속에 떠올린 정도라면 이는 마음의 노력이 아니다. 자신에게 없는 장점을 계발하고 평생 달고 살아온 단점을 과감하게 고치는 것이 마음의 노력이다. 쉽지는 않겠지만, 이것부터 실행하지 않으면 좋은 미래는 결단코 없다. 이것이 가장 중요한 마음 관상이다.

32

마음을 고치면
운도 바뀐다

중국 관상서인 《마의상법(麻衣相法)》에 '신호불여심호(身好不如心好)'라는 말이 나온다. '몸 관상 좋은 것이 마음 관상 좋은 것만 못하다'라는 뜻이다. 마음이 무엇보다 중요하다는 뜻이다. 관상을 보는 이유 역시 마음의 모습을 살피려는 것이고, 마음은 특히 얼굴에 반영되기 때문이다. 그래서 옛사람들은 얼굴에 깃든 마음을 간접적으로 살폈다. 물론 몸이 마음을 돕기도 하고 또는 방해하기도 하지만, 중요한 것은 마음 그 자체일 수밖에 없다.

마음의 모습, 즉 심상이 관상의 핵심이므로 마음에 대해 구체적으로 살펴보겠다. 사람의 운명은 영혼 속에 다 들어 있기 때문에 마음의 뜻을 반드시 알아야 한다. 앞에서 살펴봤듯이 몸의 관상은 아주 넓다. 팔, 다리, 몸 등은 보지 않고 얼굴만 다루었는데도 아주 광범위했다. 여기에 손금이나 사주, 성명까지 포함하면 더욱 심오해진다. 그러나 마음의 영역은 이보다 훨씬 더 넓다. 우리가 쉽게 마음이라고 부르는 것은 일단 뇌의 작용이지만, 더 깊게 들어가면 영혼에까지 이른다. 게다가 현재뿐 아니라 과거까지 포함되기 때문에 점점 더 넓어진다. 그리고 이 모든 것에 미래가 투영된다.

우선 염두에 둘 것은 '마음을 고쳐 운을 고치겠다'는 결심이다. 운명을 비웃는 행위는 하늘을 비웃는 것이고, 운명을 고치겠다는 생각은 그 자체로 반성이고 경건함이다. 그래서 마음의 관상에서 제일 먼저 보는 것은 운명에 대한 태도다. 운명을 두려워하고 고치겠다는 생각은 자기 책임을 깨닫는 첫걸음이다. 이는 자기를 돕는 행위라서 하늘도 그를 돕는다.

▬ 주역의 첫 번째 가르침, 자강불식

이제 드넓은 마음의 세계로 가보자. 마음이 너그러운 사람은 어떨까? 너그러움이란 남을 포용하고 이해해주는 행위이다. 이런 사람은 운명의 폭이 넓어질 것이다. 이기적이고 박절한 사람은 운명의 신으로부터도 외면당한다. 하늘이 나를 받아들이게 하려면 내가 먼저 인간을 받아들여야 한다. 주역에 곤위지(坤爲地)라는 괘가 있는데 이는 대지의 넓음을 뜻한다. 공자는 이 괘상을 설명하면서 이렇게 말했다. "군자는 남에게 베푸는 것을 후하게 하고 만물을 품에 담는다." 이 괘상은 땅의 도리를 이야기한다. 인간은 하늘과 땅의 덕을 본받아야 한다.

자기방어가 심한 사람이 있다. 남이 말을 걸면 그것을 공격으로 간주하고 마음을 닫아버린다. 이런 사람은 행운이 뚫고 들어올 길을 막는다. 사람은 조금 손해 보고 사는 편이 좋다. 그 손해는 하늘이 반드시 보상해준다. 남의 일에 지나치게 관여(참견)하는 사람이 있는데 이런 사람은 자기 운명을 살피지 못해 매우 위험하다. 마음관상이 나쁘다. 사람은 남의 일에 참견하기보다 먼저 자기 자신을 살피며 고쳐야 한다. 그렇지 않으면 하늘이 나를 잊는다. '그렇게 잘났으면 너 스스로 알아서 해라', '내가 도울 필요가 뭐 있겠느냐'는 뜻이다. 비겁한 사람은 하늘이 싫어한다. 주역의 첫 번째 가르침이 자강불식(自強不息), 즉 자기를 강화하여 쉬지 않는다는 것이다. 약한 사람은 비겁하다. 따라서 비겁한 사람은 이미 운명을 개척할 힘이 없고 운명이 좋아질 리가 없다.

분노는 파괴를 상징하기 때문에 화를 자주 내는 사람은 자기도 모르게 무엇인가를 파괴하면서 살아가는 사람이다. 파괴되는 것은 다름 아닌 인간관계다. 그리하여 운명이 고독해진다. 조바심이 있는 사람은 멀리 있는 재난을 가까이 불러온다. 안절부절못하고 초조해하면 영혼은 재난에 대처하지 못한다. 스쳐 지나갈 재난도 나를 향하게 된다. 또 악마는 쩔쩔매는 사람에게 실수를 유발하게 만드는 속성이 있다.

세상에 인색한 사람에게는 하늘도 인색하다. 그러니 써야 할 돈을 쓰지 않고 억지로 모으는 것은 바보 같은 짓이다. 그 돈은 자기 것이 되지 못하고 더 크게 쓸 일이 생긴다. 그리고 돈을 너무 안 쓰는 사람은 영혼이 자기 자신을 오해한다. '이 사람은 돈이 필요 없는 사람이구나'라고. 그래서 영혼은 애써 돈 벌기를 피한다. 이런 사람은 결국 가난한 운명을 맞는다. '돈은 써야 생긴다'는 말은 절대적 사실이다.

만나야 할 사람을 오랫동안 만나지 않으면 운은 점점 더 나빠진다. 생명의 기운은 흘러 나감으로써 더 많이 생기는 법인데 자신의 기운을 닫아놓고 사람에게 향하지 않으면 그 기운은 반드시 메마르게 된다. 이를 약간 더 설명하자.

정의로운 생각은 하늘의 도이다. 그리고 재물이란 땅의 도이다.

그런데 사람과 소통하는 것은 인의 도이다. 인의 도는 천지의 도보다 중요하다. 사람은 결국 사람을 만나기 위해 인생을 사는 것이다. 짐승에게는 이러한 개념이 없어서 그저 생존하면 그만이다. 하지만 사람은 반드시 남과 소통하며 천지의 기운이 흐르게 해야 한다. **사람과 소통하지 못하는 사람에게는 행운이 찾아올 수 없다. 사람에게는 사람이 운명의 통로이기 때문이다.**

앞서 말했듯이 타인을 위해 손해 보는 사람은 하늘이 반드시 보상해준다. 사랑이란 세상을 보호하는 마음이어서 세상을 보호하는 사람에게는 하늘이 상을 주는 법이다. 반면 평생 사랑하지 않고 산다면 하늘은 그를 사랑해줄 필요를 못 느낀다. 사랑하고 베푸는 것은 결코 손해가 아니다. 또한 운이란 그것을 얻고자 열심히 노력하는 사람에게 찾아온다.

사사건건 시비를 가리는 옹졸한 사람은 운도 옹졸해지고 빈약해진다. 사람이 옳으면 얼마나 옳겠는가! 굳이 남의 마음에 상처를 주면서까지 사소한 것의 시시비비를 가릴 필요가 없다. 그렇게 해서 얻어지는 것은 무엇인가? 남에게 이기면 운이 좋아지는가? 상대방의 마음을 편안하게 해주고, 양보하고 배려하는 사람은 친구가 많아지고 자연스럽게 좋은 운이 쌓인다.

남이 말을 하면 성심껏 들어야 한다. 만물은 저마다 뜻이 있다. 사람의 마음을 대수롭지 않게 여기면 하늘도 그의 염원을 외면한다. 남의 말을 귀 기울여 들어주는 것은 상대방에 대한 존중이자 배려다. 사람과 사람의 소통은 존중에서 비롯된다. 사람과 소통이 잘되는 사람은 하늘과도 소통이 잘된다.

━ 지나친 절약은
  재난을 부른다

지나친 절약은 미덕이 아니다. 오히려 재난을 부른다. 내가 가진 돈이 전부 내 돈이 아니다. 조금은 세상을 위해 써야 한다. 모든 사람이 다 지나치게 절약하면 세상이 어떻게 되겠는가! 경제가 마비되고 사회 역시 제 기능을 못 한다. 운명의 신도 절약하니 내게 올 행운이 사라지거나 지연될 것이다.

자기 말에 책임을 지지 않는 것은 거짓말을 하는 것과 똑같다. 말에 뜻이 있으려면 그것이 지켜져야 한다. 지켜지지 않을 말을 남발한다면 그는 존재하지 않는 사람과 같다. 그의 말에 뜻이 없기 때문이다. 짐승 중에 사람만 할 수 있는 것이 말이다. 그런데 그 사람의 말이 그냥 흘러가는 바람과 같다면 행운의 여신도 그를 쳐다보지 않을 것이다. 뜻이 없는 사람이기 때문이다.

매사에 쉽게 포기하는 사람은 하늘도 그를 포기한다. 삶이란 누가 살라고 해서 살아가는 것이 아니다. 내가 살고자 해서 살아가는 것뿐이다. 모든 생물이 그렇다. 자주 포기하는 사람은 살겠다는 의지가 없는 사람이다. 왜 하늘이 이런 사람을 전적으로 책임져주어야 하는가? 사람은 자기 일에 스스로 애써 달려들어야 한다. 이를 두고 '하늘은 스스로 돕는 자를 돕는다'고 말하는 것이다. 포기라는 것은 싸워보지도 않고 패배하는 것이다. 운명의 신도 포기하는 사람을 보면 맥이 빠질 것이다. 실패를 두려워하지 말고 힘껏 달려들어야 한다. 그렇게 하면 안 될 운도 새롭게 방향을 바꾼다.

33

'스스로 돕는 자'는
생명력이 있다

열정은 강렬한 의지를 행동으로 옮기는 자세다. 열정이 있어야 목표도 실현된다. 그런데 열정에는 더 크고 깊은 의미가 있다. 그것은 바로 열정이 하늘의 마음이라는 것이다. 다소 의아해할 것이다. 이유를 살펴보자. 하늘의 성품은 주역에서 양 그 자체로 본다. 양의 무한한 집합이 바로 천이다. 천은 모든 것을 창조하는 근원인데, 양의 성품이 그러하기 때문이다. 양의 성품은 다름 아닌 열정이다. 하늘은 열정을 가지고 적극적으로 세상을 창조한다. 공자는 이렇게 말했다. "하늘은 강건한 바(열정이 있는 바) 군자는 이를 본받아 자기 발전을 쉬지 않는다."

열정은 다른 말로 생명력이다. 관상에서 가장 중요한 것이 바로 이것이다. 열정이 없으면 무슨 일이든 시작 자체가 이루어지지 않는다. 그래서 운명을 개척하는 데 제일 먼저 갖추어야 할 덕목이 열정이다. 꿔다 놓은 보릿자루같이 기가 푹 죽은 사람은 좋은 운명도 피해간다. **하늘은 스스로 돕는 자를 돕는다는 격언 속 '스스로 돕는 자'는 열정을 가진 사람이다. 열정은 그 자체로 하늘의 마음이므로 이로써 운명이 개선될 수밖에 없다.** 나의 지난 70년을 돌아보면 수백 수천 가지 단점이 있었지만, 열정 하나만큼은 항상 간직하며 살았다. 덕분에 내 운명은 아주 나빠지기 전에 개선할 수 있었다. 마음속에 열정이 살아 있는 한 인생은 끝난 것이 아니다.

매사에 부정적으로 생각하고 반대하는 사람이 있다. 긍정을 굴복으로 알고, 또 남이 편안해지는 꼴을 못 본다. '남이 잘되면 나는 손해'라는 그의 생각은 크게 잘못되었다. 남의 생각을 오랜 세월 인정해주다 보면 나의 생각도 인정받을 날이 온다. 조금 달라도 너그럽게 고개를 끄덕이는 것은 사람을 돕는 행위다. 사소한 일에 옳고 그름을 따져 반대만 일삼는 사람은 처세를 모르는 사람이다.

─ 좋은 운명은
밝은 곳에 깃든다

한번은 이런 일이 있었다. 어떤 사람이 나에게 "선생님은 어떻게 그토록 늘 옳은 견해를 갖고 있습니까?" 하고 칭찬해주었다. 나는 대답했다. "제가 뭘 잘 알아서가 아니라 남이 의견을 냈을 때 찬성해주었을 뿐입니다." 그는 내게 더 큰 칭찬을 해주었다. "선생님은 사람을 사랑할 줄 아는군요!"

인간관계의 중요한 비결이 하나 있다. 모든 사람을 내 편으로 만드는 방법이다. 간단하다. 내가 그 사람 편이 되어주면 된다. 실제로 해보라. 당신 편이 많아질 것이다. 이로써 운명도 확실히 개선된다. 반면 자신의 똑똑함을 증명하려고 항상 남의 의견에 반대하거나 무엇이 잘못되었는지를 세세하게 따지는 사람은 결국 운명의 벽에 막힐 것이다. 스스로 온 세상에 벽을 쳤는데 누가 당신에게 문을 열어주겠는가!

세상의 모든 것에는 수명이 있다. 운명에도 수명이 있다. 한계가 있다는 뜻이다. 그러하니 액운이 왔어도 좌절하지 말고 그 수명이 끝날 때를 기다려야 한다. 반대로 현재 행운이 와 있어도 그것은 반드시 물러갈 것이다. 그러니 겸손하게 대비해야 한다. 무엇보다도 욕심을 가져서는 안 된다. 하늘이 주는 만큼만 받아야 한다.

인간에 대해 이해심이 적은 사람은 운명의 폭이 좁아진다. 내가 마음을 넓게 가지고 살면 그 자체가 운명의 너비가 된다. 많은 운이 찾아온다는 뜻이다. "너나 잘하세요!"라는 영화 대사처럼, 남의 일에 참견하지 말고 자기 일에 충실하라. 변변치 못한 사람일수록 남의 일에 대해 할 말이 많은 법이다. 그래 봐야 그의 운명은 더욱 한가해질 것이다.

잘났거나 못났거나 항상 겸손해야 한다. 겸손이란 것은 주역의 괘상으로 지산겸(地山謙)인데, 이는 산이 땅속에 숨어 있다는 뜻이다. 산이란 그 자체가 이미 땅 아래 숨어 있는데 이것이 땅속에 숨어 있다는 것은, 숨고 또 숨는다는 의미다. 자기 노출은 2가지 의미에서 나쁘다. 첫째, 적이 나를 관찰하기 때문이다. 친구든 적이든 나에 대해 속속들이 아는 것은 좋을 리 없다. 세상은 위험한 곳이니 일단은 감추고 봐야 한다.

둘째, 기운이 밖으로 새나간다. 숨어 있으면 이를 막을 수 있다. 호랑이는 자신의 힘이 막강한데도 숨어 지낸다. 겸손하지 못하다는 것은 노출을 의미하고, 이것은 공격받을 수 있음을 의미한다. 운명은 김이 새지 않도록 잘 막아두어야 힘이 쌓인다.

마음이 밝으면 동지가 많이 생긴다. 마치 눈을 가리고 몽둥이를 마구 휘두르는 것처럼 마음이 어두운 사람은 곁에 있으면 공연히 해를 입을 수 있고, 함께 일을 도모할 수도 없다. 좋은 운명은 밝은 곳에 찾아든다. 마음속이 캄캄한 사람은 악마의 발길만 이어진다.

남을 속여 얻어낸 이익은 하늘이 몇 배로 걷어간다. 이익은 정당하게 얻어야지 나쁜 짓으로 얻어내면 그것은 하늘에 빚을 진 것이다. 사기는 남을 속여서 이익을 얻는 행위이다. 여러분의 자녀가 사기꾼이 되면 좋겠는가! 당신이 사기꾼이면 자식도 그렇게 된다. 사기는 도둑질보다 훨씬 나쁜 짓이고, 두고두고 하늘의 벌을 받는다.

참고로 외상이나 할부 같은 것, 즉 남에게 돈을 빌리는 것은 결국 운명에 해롭다. 미래는 미래대로 남겨두어야 하지 미래의 행운(미래에 쌓일 돈)을 미리 탕진하지 말아야 한다. 만약 빚을 갚지 않고 쌓아두면 운은 점점 나빠진다. 이것은 없는 돈을 있는 척하고 사는 것인데, 미래에 굉장히 어려워진다. 빚은 빨리 갚을수록 새로운 돈이 생기는 법이다. 여기서 부자가 되는 비밀 하나를 소개하겠다. **앞으로 꼭 써야 할 돈이라면 미리 쓰는 것이다. 미래에 반드시 써야 할 돈을 지금 가지고 있는 것은 미래의 불행(써야 하는 돈이므로)을 간직하고 살아가는 행위다. 쓸 돈은 미리 쓴다! 이것 하나만으로도 재물운이 좋아질 것이다.**

세상에 관심이 없다면
세상도 그에게 관심이 없다

매사에 관심을 가지면 새로운 운이 발생한다. 어떤 사람은 뉴스조차 듣기를 싫어하는데 이런 사람은 당장 눈앞의 이익에 몰두해 있는 것과 같다. 즉 가까운 미래조차 알려 하지 않는다. 세상을 이리저리 살피는 것은 생명체의 기본 활동이다. 주변을 파악하지 못하면 아무것도 대비할 수 없으므로 좋은 운명이 와도 그것을 수용하지 못한다.

세상에 관심이 없는 사람은 거의 죽은 사람이나 마찬가지다. 많은 관심이 많은 기회를 일으킨다. 나는 관심 없는 사람을 많이 봐왔는데 그런 사람은 매력도 없고 열정도 없다. 오랫동안 살펴봤더니 결국 나쁜 운명을 맞이하고 말았다. 당연하다. 무관심은 외면이니 하늘조차 그에게 관심을 두지 않는 것이다.

하루도 운명이 아닌 날이 없다. 그러하니 겸손하고 경건한 마음을 가져야 한다. 현재가 나쁘다면 반성해야 하고, 조금이라도 좋으면 다행으로 여기고 기뻐해야 한다. 운명이 왔을 때 어떻게 맞느냐에 따라 뒤따라 오는 운명이 크게 달라진다.

신용, 신의가 없는 사람은 운명을 개선할 수가 없다. 신(信)이라는 덕목은 오행의 토(土)에 해당하므로 모든 덕목의 중심이다. 때문에 인(仁), 의(義), 예(禮), 지(智)가 있더라도 신이 없으면 그 모든 덕목이 무효다. 신은 토, 즉 땅이므로 땅이 없다면 모든 것이 설 자리가 없기 때문이다. 오늘날 경제는 신용을 바탕으로 이루어진다. 운명의 세계에서도 신용이 없는 사람은 하늘도 그를 믿지 못하므로 악마가 기웃거릴 뿐이다.

지금 가난하다 하더라도 신용이 있는 사람은 주위 사람이 도와주고 운명도 굳건해진다. 100가지 선행을 자랑하지 말고 신용 없는 것 1가지에 부끄러움을 가져야 할 것이다. 대자연의 법칙이 갈팡질팡한다면 우주도 소멸할 것이다. 신용이 없는 사람은 파탄을 기다리는 중이라고 봐도 과언이 아니다. 유언극행(有言極行)이란 말처럼 사람은 말을 하면 반드시 책임을 져야 한다. 그리고 믿을 신(信)이라는 글자는 사람 인(人)과 말씀 언(言)이 합쳐진 것인데 사람의 말은 신용이 있어야 한다는 의미다. 약속을 안 지키는 사람도 신용이 없는 사람이므로 미래의 행운은 절대 기대할 수 없다.

⎯ 조금씩 손해 보며
사는 인생이 편안하다

뻔뻔한 사람은 죄를 짓고도 부끄러움이 없는 사람이다. 염치없는 사람으로 죄짓기를 아주 쉽게 생각한다. 뻔뻔하다는 말은 양심이 없다는 뜻과 같은데, 이런 사람은 우주가 살려둘 필요가 없다. 그대로 놔두면 죄를 더 많이 저질러 우주가 손해를 보기 때문이다. 뻔뻔한 사람은 재앙을 최대치로 받을 것이다.

나에게 나쁜 점이 많으면 재빨리 고쳐야 한다. 그 나쁜 점을 마음에 담아두면 행동으로 옮기지 않아도 영혼은 점점 빛을 잃어간다. 자기 속에 있는 쓰레기(나쁜 마음)를 치우지 못한다면 집 안을 깨끗하게 치워도 복을 받지 못한다. 몸은 깨끗이 하면서 마음을 깨끗하게 하지 못하면 이것 또한 아름답다고 할 수 없다.

운명은 마음에서 온다는 것을 한시도 잊어서는 안 된다. 현재 나쁜 마음이 있다면 그것을 어째서 내버려두는가! 시간이 지날수록 재앙은 쌓여간다. 그러니 모처럼 뒤늦게 마음을 고쳐도 재앙은 찾아올 것이다. 행운은 깨끗한 마음이 오래 지속될 때 찾아오는 법이다.

그래서 잔꾀를 자주 부리는 사람은 불운에서 벗어날 수 없다. 잔꾀란 큰 틀에서 통합하지 못하거나 부분에 치우쳐 판단하는 것을 말한다. 또 나중에 손해를 보더라도 당장 이익을 취하고 보자는 뜻이다. 주역에 뇌산소과(雷山小過)라는 괘상이 있는데 이는 지나치게 작다는 뜻이다. 새가 하늘 높이 날지 않고 바위 위에 앉아 있는 상태로 게으름을 의미한다. 스케일이 작은 것은 그 자체로 재수 없는 짓이다. **언제나 통 크게 생각해야 한다. 자신**

의 한계에서 벗어나기 위해서 항상 넓게 보고 멀리 보는 습관을 들여야 한다. 개미처럼 사는 사람은 개미의 운이 오고, 독수리처럼 사는 사람은 독수리의 운이 오는 법이다.

불평하지 않으면 하늘이 이에 대해 반드시 보상해줄 것이다. 불평불만은 습관이고 악한 마음에서 나온다. 남이 이익을 얻는 게 싫고, 자신은 조금도 손해를 보지 않으려는 것이다. 그리고 참을성이 없어 조바심을 내는 것이다. 세상사 모든 일은 시간이 걸리고 굴곡이 있다. 겨울이 가면 어김없이 봄이 오듯이 항상 조금 더 기다려보겠다는 마음으로 작은 손해는 감수해야 한다.

앞서 말한 것처럼 인생은 조금씩 손해를 보며 살아야 한다. 내가 손해 본 만큼 남을 이롭게 한 것이므로 언젠가 나에게 돌아온다. 작은 이익을 위해 첨예하게 다툰다면 혼란은 끝이 없을 것이다. 소인배는 저만 살겠다고 작은 이익도 끝까지 챙긴다. 반대로 군자는 작은 불편, 작은 손해는 참고 감수한다. 불평을 자주 하다 보면 세상이 그렇게만 보인다. 불평하지 않는 사람은 하늘과 함께 간다. 주역의 곤위지(坤爲地) 괘는 "군자는 덕을 후하게 하고 만물을 포용한다."고 말한다. 불평불만은 쩨쩨한 사람이 저지르는 행운 파괴다.

34

인간의 도리를 다하면
복이 돌아온다

마음의 요소는 수백 가지도 넘는다. 영혼의 현상까지 고려하면 그야말로 하늘의 별만큼 많은 것이 마음의 현상이다. 여기서 다 다룰 수는 없다. 지면의 한계도 있지만, 마음에 관한 것을 세세하게 다루다 보면 독자들이 지쳐버린다. 평범한 사람들은 그저 당장 돈을 버는 방법이나 아주 쉬운 것, 눈에 보이는 행동을 알고 싶어 한다. 하지만 그렇게 하면 운명의 핵심을 놓친다. 운명의 근본을 알고 싶다면 좋든 싫든 가장 먼저 마음의 문제를 살펴보고, 좋은 방향으로 고쳐 나아가야 한다.

운명은 우리의 행동에서 나온다. 무의식의 차원이라도 마음은 행동의 원인이다. 운명이 마음에서 나오는 것이 아니라면, 또한 운명이 행동에서 기인하는 것이 아니라면 그냥 막살면 된다. 주사위는 신이 던지면 된다. 그러면 선도 악도 인간의 책임은 전혀 없다. 운명도 우리의 책임이 아니고 재앙이든 복이든 행복이든 불행이든 모든 것이 신의 책임이다. 이런 세상이 과연 좋을까? 신경 안 쓰고 사니 좋을 수도 있다. 하지만 세상이 이렇게 돌아간다면 애당초 자연의 법칙도, 신의 개념도 없어질 것이다. 모든 것은 그럴 만한 이유가 있다.

마음을 고치는 것은 어렵지 않다. 밖에 나가 몸으로 애쓰는 것보다 쉽다. 그러니 공연히 겁먹지 말고(마음이 옳지 못한 사람은 마음 얘기를 하면 불편해한다) 마음을 착하게 만들어보자. 깡패나 조폭처럼 사나운 사람이 있다. 이런 사람은 온순하게 행동하면 남이 무시할까 봐 그렇게 한다고 말한다. 비신사적인 행동이다.

하지만 나는 여성의 경우 약간 사나운 편이 좋다고 생각한다. 순해 보이는 인상 때문에 불이익을 당하거나 범죄의 표적이 될 수도 있기 때문이다. 그렇다고 해도 남들이 다가오지 못할 정도로 항상 사나운 것은 운명에 불리하다(행운의 여신은 부드러운 사람에게 접근하는 법이다). 사나운 짓은 능력 없는 사람이 공연히 화풀이하는 것에 지나지 않는다. 평생 사납게 살아온 사람에게 좋은 운명은 결코 오지 않는다. 그리고 먼 훗날에는 재수 없는 사람이 되어 남의 운명마저 공격한다. 행운은 평화롭게 노력하는 사람에게, 재앙은 사납게 막 나가는 사람에게 오는 법이다.

▬ 자연스러운 곳에
행운의 여신이 있다

　　사람은 항상 누군가의 은혜를 생각해야 한다. 은혜를 안다는 것은 남의 선행을 기억한다는 것이니 이왕이면 보답도 생각해야 한다. 은혜를 알고 갚는 행위는 도인의 중요 덕목 중 하나로 이런 사람에게 또 다른 도움이 찾아온다. 남의 도움을 받아도 그 고마움을 모르는 사람은 인간의 도리를 모르는 사람으로 은혜가 헛되이 낭비된다. 대자연의 법칙은 주면 받게 되고 받으면 주게 되어 있다. 앞서 여러 번 얘기한 작용 반작용의 법칙이다. 운명도 비슷하다. 나는 언젠가 타인으로부터 받은 은혜를 일일이 생각해봤는데 너무 많아서 놀랄 지경이었다. 이것은 여전히 내 마음속에 빚으로 남아 있다. 그래서 나는 죽기 전에 이 은혜를 다 갚겠다고 마음먹었다. 아울러 내가 남에게 잘못한 일도 하나하나 반성하고 죽기 전에 다 보상해야 하지 않을까!

윗사람을 잘 받들면 언젠가 자신도 대접받는 윗사람이 될 운명이 도래한다. 반대로 항상 자신만 높이고 남을 받들지 못하는 사람은 종래 낮은 신분으로 살아가게 된다. 윗사람을 잘 받들지 못하는 이를 어떻게 높은 자리에 앉히겠는가? 남들이 나의 가치를 몰라준다고 화내지 마라. 내가 남을 몰라주면 더 큰 벌을 받는다.

유난히 오해를 자주 하는 사람이 있는데 이런 사람은 항상 남을 원망할 준비가 되어 있다. 오해란 죄 없는 사람을 벌주는 것과 같다. 사람으로서 해서는 안 될 몹쓸 짓이다. 오해를 안 하려면 긍정적인 마음을 갖고 끝까지 좋은 해석을 찾아야 한다. 사람을 보고 지레 나쁘다고 짐작하는 사람은 아주 나쁘다. 이런 사람이 많아지면 세상 살기가 더욱 어려워질 것이다. 하늘은 이런 사람을 골라서 벌을 준다. 있는 죄도 용서해야 하거늘 없는 죄까지 뒤집어씌우는 것은 얼마나 나쁜가! 오해는 사악한 습관이다.

자연스러운 곳에 행운의 여신이 있고 억지스러운 곳에는 악마가 있다. 정정당당한 생각으로 살아가면 재앙이 두렵지 않다. 운이 다하면 인생도 끝난다. 항상 좋은 운을 만들도록 노력하며 겸손해야 한다. 인생은 짧지 않다. 운명을 반성하면 언제나 남은 행운이 온다. 사람을 볼 때도 장점을 찾아야 한다. 단점만 헐뜯으면 그를 모함하는 것이다. 내가 남의 장점을 못 보고 단점만 보면 하늘도 내게 그렇게 할 것이다.

너무 바쁘게 살면
새로운 것, 획기적인 것이 없다

지나치게 바쁜 사람은 운을 포기한 사람이다. 왜냐하면 행동은 이미 정해져 있는 맥락에 따라 이루어지는데, 너무 바쁘게 살면 새로운 것이 비집고 들어올 틈이 없다. 사업이라면 당초 정해진 사업의 과정을 진행하는 것뿐이다. 직장에서 바쁘다면 일상업무를 수행하는 것이고, 농사일이 바쁜 것도 다 정해진 일을 하는 것이다. 일감이야 매일 다를 수 있지만, 농사든 직장생활이든 틀에 박혀 있는 것이니 새로울 것은 없다. 그저 열심히(바쁘게) 움직일 뿐이다. 새로움이 없는 행위, 뻔한 일, 단순노동의 반복이라는 뜻이다.

사는 것이 원래 그렇다. 당장 해야 할 일이 계속 나타난다. 이런 일을 바쁘게 쫓아다니다 보면 어느새 세월이 흘러가고 획기적인 새로움은 생기지 않는다. 흐름이 사라지면 새로움이 들어설 자리가 없고 운명까지 고착되는 것이다. 삶에 여유가 있어야 한다. 일정표가 꽉꽉 찬 기계적인 인생에는 새로운 무엇인가가 들어오지 못한다.

쉰다는 것은 지친 몸을 충전한다는 의미만이 아니다. 여유를 가지고 먼 곳도 바라보고 자기 점검을 하는 시간이다. 너무 바쁜 사람은 (절대로 그것이 평생 이어질 수는 없는 법이고) 반드시 나쁜 일이 생겨 더 이상 그 바쁜 행동을 할 수가 없다. 이것이 천지 간의 징조다. 가득 찬 호수는 범람 위험이 크다.

같은 의미로 사람에게 시간 쓰기를 너무 아까워하는 사람 역시 박복해진다. 인생은 길고도 길다. 그러한 긴 시간에 다른 사람에게 잠시도 시간을 쓰지 않으려는 사람은 인간의 자격조차 없다. 대자연에 도움이 되지 않는 사람으로 세상에 별로 쓸모가 없다. 성인은 천지화육을 돕는다고 했다. **남에게 시간을 베푸는 것부터 시작해 천지에 이로운 존재가 되어야 한다. 오로지 자신에게만 시간을 쓰는 사람은 운명의 문이 닫힌 셈이다. 나갈 것이 없으니 들어올 것도 없다.**

인생이란 좋은 역사도 있어야 한다. 사람과 함께 했던 역사를 말한다. 혼자 실컷 돌아다녔다는 것은 역사가 아니다. 집 안에 틀어박혀 특정한 일을 하며 긴 세월을 보냈다고 해도 이것은 역사가 아니다. 당신의 과거를 돌아보라. 사람과 함께 있었던 보람 있는 역사가 있었던가? 별 볼 일 없었다면 당신은 위대한 사람이 되지 못할 것이다. 시시한 운명이다. 위대한 인생을 살고자 한다면, 또한 위대한 운명을 만들고자 한다면 사람과 함께 역사적인 일에 참여해야 한다. **행운이란 밖에서 오지만 그것을 잘 가꾸는 것은 스스로를 잘 다스리는 데서 시작한다. 생존을 위해 주어진 일을 열심히 하는 것은 당연하다. 그러나 자기 자신을 새롭게 만들지 못한다면 지난날과 똑같은 운명**

을 맞이할 수밖에 없다.

마음으로만 고마워하고 고마움을 표현하는 선물을 아까워하는 사람은 복 받을 자격이 없다. 마음이란 행동을 일으키는 원인일 뿐 결과가 아니다. 그러므로 마음으로만 고마워하는 사람은 고마움을 표현하지 않았으므로 은혜를 모르는 사람과 같다. 이런 사람에게 는 결과가 나타나지 않는다. 행운이 올 뻔(?)했다면 그것이 무슨 소용인가!

사람이 최선을 다하면 나머지는 하늘이 돕는다. 시작이 없으면 끝도 없음을 기억하라. 행운만 기대하는 사람은 바로 시작이 없는 사람이다. 아무리 기다려도 실제 행운은 오지 않는다.

▬ 겸손하게 반성하며
조심조심 살라

산책은 운명을 회복하는 데 아주 좋다. 먼 곳까지 자주 걸으면 새로움이 생기고 이로써 행운이 유도된다. 몸 쓰기를 싫어하는 사람은 액운만 쌓여간다. 자꾸만 필요 없는 멋을 내면 악마가 찾아온다. 멋이란 아름다움이므로 나무랄 바가 아니다. 하지만 멋을 내는 것 역시 지나치면 아름답지가 않다. 과장되기 때문이다. 앞서 과장이 거짓말보다 나쁘다고 설명했는데 과장된 멋은 조화가 맞지 않는 거짓 아름다움이다. 실제로 아무도 아름답다고 생각하지 않는다. 겉멋 들었다, 꼴값한다는 말이 바로 이런 행위에 대한 표현이다.

반성할 것이 없다는 사람은 죄가 가득한 사람이어서 재앙이 끊임없이 찾아온다. 반성이란 창조의 힘이자 하늘의 덕이다. 찾아보면 반성할 것은 무수히 많다. 항상 보던 것만 보면 반성할 것이 없지만, 제대로 찾아보면 하늘의 별처럼 많다. 게으른 사람은 반성할 것이 없다면서 태평하게 살아간다. 이런 사람은 자기 눈을 가리고 사는 사람으로 벼락을 맞아야 정신을 차린다.

앞에서도 말의 중요성에 대해 여러 번 강조했듯이, 가급적이면 격조 있고 고상한 말을 써야 한다. 격조 있는 말씨는 세상의 품위를 높이는 아름다움이다. 말이 천박하면 신분도 천해진다. 사실 마음을 잘 가꾸어야 격조 있는 말이 나온다. 마음을 잘 가꾼 사람은 이로써 그 말에 맞는 신분이 될 것이다.

무엇으로 자신의 운명을 구해야 할지 모르겠다면 먼저 조심성을 갖추기 바란다. 그리고 이기적인 행동인가, 공공의 이익에 도움이 되는 행동인가를 생각해보라. 자신만을 위한 행동은 행운의 자격을 차버리는 것이다. 남을 해치지 않는 것도 공익이므로 타인과 이익을 가지고 지나치게 다투지 말아야 한다.

얼굴의 한 끗 차이가
운명을 바꾼다

관상이란 사람의 몸과 마음에 나타난 형상을 보고 미래를 판단하는 학문이다. 즉 현재를 보고 미래를 판단한다는 것이다. 병원에 가서 현재의 상황(형상)을 보고 앞으로 몸에 나타날 병(미래)을 판단하는 방식과 다르지 않다. 병원에서는 엑스레이나 CT 촬영을 하고, 혈액검사를 하거나 심전도를 측정해 현재 상태를 살펴본다. 그리고 여러 가지 검사 결과를 종합해 병을 진단한다. 관상은 얼굴의 눈·코·입·귀 등과 마음을 살펴 운명을 진단한다. 이 모든 것은 현재를 보고 미래를 판단하는 방식으로서 과학의 여러 분야도 이런 식으로 미래를 예측한다. 관상 역시 각각의 상황을 조사하고 이를 종합적으로 판단한다.

예를 들어 코 관상이 나쁜데 눈 관상이 좋다면 이를 종합적으로 비교해 미래의 운명을 판단한다. 코의 관상이 얼마나 나쁜가, 눈의 관상이 얼마나 좋은가 등을 비교한다는 의미다. 종합하는 것이 다소 어려운 면은 있지만, 우선 쉬운 것부터 판단하면 된다. 눈 관상과 코 관상이 모두 나쁘면 나쁘다고 판단하고 둘 다 좋으면 좋다고 판단하는 것이다. 물론 코와 눈에 따른 각각의 운명은 따로 나타날 수 있다. 단지 좋은가 나쁜가를 결정해야 할 때는 종합이 필요하다는 의미다.

문제는 한쪽은 좋고 다른 한쪽은 나쁠 때인데, 이때는 각각의 운명이 존재할 개연성이 있다는 점을 염두에 두면 된다. 미래는 어차피 확률로 정해진 사건일 뿐이다. 병원에서 아무리 정밀하게 조사해도 미래(질병)는 확률일 뿐이지 그것이 신의 절대적 결정은 아니라는 것이다. 미래는 어느 정도 알 수 있지만 완벽할 수는 없다.

어렵게 생각하지 말고 미래의 일은 절대적인 것이 아니라고 이해하면 된다. 특히 인간의 미래 운명은 짐작하는 순간 사라지기도 한다. 이것은 양자역학의 이론인데 자연현상은 사람이 관찰하면 그 영향을 받아 미래가 바뀐다는 과학적 원리이다. 운명도 마찬가지다. 운명을 알게 되면 그 순간 운명은 방해를 받는다. 때문에 운명이 좋다고 해도 너무 믿지 말고 할 일을 해야 한다. 반대로 운명이 나쁘다는 것을 알았다 해도 낙심하지 말고 경계하고 조심하고 반성하면 얼마든지 달라질 수 있다. 나쁜 것을 피하고 좋은 것은 잘 유지하자는 것이 관상의 효용이다.

나는 50년 전부터 관상을 공부하면서 수백 권이 넘는 책도 읽었다. 그런데 실제 관상을 보다 보면 책에서 알려준 내용과 정확히 일치하지 않는 경우가 많았다. 이렇게 생긴 것이 바로 그것인지 아닌지를 세세하게 알 수 없던 것이다. 이는 사람의 얼굴이 너무나 다양해서 딱 부러지게 단정할 수 없었기 때문이다. 이 책 원고를 다 쓰고 난 후에도 어떤 사람을 봤는데, 내가 쓴 내용에 해당하지 않는 경우였다. 정확히 부합하지 않은 얼굴도 많다는 뜻이다.

그래서 관상은 이론만큼 임상이 중요하다. 어떤 상인지 판단하려고 애쓰는 순간, 어느새 관상법을 터득할 수도 있다는 뜻이다. 이것은 익숙해진다는 뜻은 아니고, 모종의 깨달음과 같다. 예를 들어 저 사람의 눈에 무슨 뜻이 있을까를 곰곰이 생각하면 무언가 저절로 알게 되는 것이 있다. 책이나 강의를 통해서 정확히 배울 수 없는 모습이어도 말이다.

물론 약간 도움이 되는 판단법은 있다. 척 봐서 모르겠으면 먼저 그 모습이 자연스러운가 아닌가를 생각해보라. 일단 자연스럽지 않으면 나쁘다. 좋은 관상은 보기 좋고 자연스러우며 특색이 있다. 사실 관상은 사람이 선천적으로 판단할 수 있는 것이다. 누군가를 봤을 때 왠지 싫으면 나쁜 관상이다. 반면 왠지 호감이 가면 좋은 관상인데 이때 주의할 것이 있다. 겉모습을 과도하게 꾸며대는 사람은 사기꾼일 가능성이 높다. 그래서 겉모습 관상과 함께 마음의 구조까지 살펴봐야 한다. 가까운 지인들은 오래 접해왔기 때문에 그의 마음 씀씀이를 어느 정도 알 수 있다. 그렇게 얼굴과 마음의 관상이 합쳐질 때 진정한 관상이 보인다.

관상은 오히려 정밀하게 보려고 할수록 혼돈이 오고, 대강 보고자 하면 정밀하게 맞아떨어지기도 한다. 대충 본다는 뜻은 사실 전체를 종합적으로 본다는 뜻이고, 반대로 정교하게 본다는 것은 부분에 집착하여 전체의 뜻을 못 본다는 의미다. 나무는 보는데 숲을 못 본다는 말이 바로 이것이다. 그리고 숲을 봤다면 이제 산을 봐야 한다.

만물의 뜻은 겉을 꼼꼼히 볼수록 더 정확하게 알 수 있다. 총체적인 겉모습에 집중해서 본 후에 이 운명을 어떻게 개선할까를 살펴야 한다. 관상은 희망을 품은 판단이어야 한다. 법정에서 유무죄를 판결하듯 미래의 운명을 단정하면 오류가 생긴다. 개연성이나 총체적인 상황, 확률을 보고 나쁜 것을 피해갈 방법을 연구해야 한다. 주역이라는 학문은 사물의 바깥, 즉 가장 넓은 뜻을 규명하는 학문이라서 여기에는 늘 종합이라는 의미가 있다. 과학은 분석이고 정치는 종합인데, 관상 역시 종합의 학문이다. 자, 이제 나무를 보고 숲을 파악했다면 당신 앞에 펼쳐진 유구하고도 거대한 인생의 산을 살펴볼 차례다.

얼굴이 바뀌면 좋은 운이 온다

2024년 5월 1일 초판 1쇄 | 2024년 9월 25일 6쇄 발행

지은이 김승호
펴낸이 이원주, 최세현   **경영고문** 박시형

책임편집 최세현   **디자인** 진미나
기획개발실 강소라, 김유경, 강동욱, 박인애, 류지혜, 이채은, 조아라, 최연서, 고정용, 박현조
마케팅실 양근모, 권금숙, 양봉호, 이도경   **온라인홍보팀** 신하은, 현나래, 최혜빈
디자인실 윤민지, 정은예   **디지털콘텐츠팀** 최은정   **해외기획팀** 우정민, 배혜림
경영지원실 홍성택, 강신우, 김현우, 이윤재   **제작팀** 이진영
펴낸곳 (주)쌤앤파커스   **출판신고** 2006년 9월 25일 제406-2006-000210호
주소 서울시 마포구 월드컵북로 396 누리꿈스퀘어 비즈니스타워 18층
전화 02-6712-9800   **팩스** 02-6712-9810   **이메일** info@smpk.kr

ⓒ 김승호(저작권자와 맺은 특약에 따라 검인을 생략합니다)
ISBN 979-11-6534-957-8 (03320)

쌤앤파커스(Sam&Parkers)는 독자 여러분의 책에 관한 아이디어와 원고 투고를 설레는 마음으로 기다리고 있습니다. 책으로 엮기를 원하는 아이디어가 있으신 분은 이메일 book@smpk.kr로 간단한 개요와 취지, 연락처 등을 보내주세요. 머뭇거리지 말고 문을 두드리세요. 길이 열립니다.